Quick Guide

Quick Guides liefern schnell erschließbares, kompaktes und umsetzungsorientiertes Wissen. Leser erhalten mit den Quick Guides verlässliche Fachinformationen, um mitreden, fundiert entscheiden und direkt handeln zu können.

Weitere Bände in der Reihe http://www.springer.com/series/15709

Andreas Hoff

Quick Guide Schichtarbeit

Wie Sie flexible Schichtsysteme entwickeln

Andreas Hoff
Dr. Hoff Arbeitszeitsysteme
Potsdam, Deutschland

ISSN 2662-9240 ISSN 2662-9259 (electronic)
Quick Guide
ISBN 978-3-658-30974-9 ISBN 978-3-658-30975-6 (eBook)
https://doi.org/10.1007/978-3-658-30975-6

Die Deutsche Nationalbibliothek verzeichnet diese Publikation in der Deutschen Nationalbibliografie; detaillierte bibliografische Daten sind im Internet über http://dnb.d-nb.de abrufbar.

© Der/die Herausgeber bzw. der/die Autor(en), exklusiv lizenziert durch Springer Fachmedien Wiesbaden GmbH, ein Teil von Springer Nature 2020
Das Werk einschließlich aller seiner Teile ist urheberrechtlich geschützt. Jede Verwertung, die nicht ausdrücklich vom Urheberrechtsgesetz zugelassen ist, bedarf der vorherigen Zustimmung des Verlags. Das gilt insbesondere für Vervielfältigungen, Bearbeitungen, Übersetzungen, Mikroverfilmungen und die Einspeicherung und Verarbeitung in elektronischen Systemen.
Die Wiedergabe von allgemein beschreibenden Bezeichnungen, Marken, Unternehmensnamen etc. in diesem Werk bedeutet nicht, dass diese frei durch jedermann benutzt werden dürfen. Die Berechtigung zur Benutzung unterliegt, auch ohne gesonderten Hinweis hierzu, den Regeln des Markenrechts. Die Rechte des jeweiligen Zeicheninhabers sind zu beachten.
Der Verlag, die Autoren und die Herausgeber gehen davon aus, dass die Angaben und Informationen in diesem Werk zum Zeitpunkt der Veröffentlichung vollständig und korrekt sind. Weder der Verlag, noch die Autoren oder die Herausgeber übernehmen, ausdrücklich oder implizit, Gewähr für den Inhalt des Werkes, etwaige Fehler oder Äußerungen. Der Verlag bleibt im Hinblick auf geografische Zuordnungen und Gebietsbezeichnungen in veröffentlichten Karten und Institutionsadressen neutral.

Planung/Lektorat: Stefanie Winter
Springer Gabler ist ein Imprint der eingetragenen Gesellschaft Springer Fachmedien Wiesbaden GmbH und ist ein Teil von Springer Nature
Die Anschrift der Gesellschaft ist: Abraham-Lincoln-Str. 46, 65189 Wiesbaden, Germany

Vorwort

Ohne die Corona-Krise wäre dieses Buch nie entstanden. Sie gab mir die Zeit und den (fast) immer gleichen Tages-Rhythmus, die dafür nötig und im „normalen" Berater-Leben mit seinen vier Reisetagen und in der Regel auch -orten pro Woche völlig ausgeschlossen waren. Ich habe mich dabei an die Empfehlung aus dem auch ansonsten sehr inspirierenden Buch „Pause: Tue weniger, erreiche mehr" von Alex Soojung-Kim Pang gehalten, morgens einige Stunden konzentriert zu arbeiten und den restlichen Tag zur geistigen und körperlichen Erholung zu nutzen.

Die Entwicklung flexibler Schichtsysteme ist ein Handwerk, das man also lernen kann. Für die meisten macht das allerdings wenig Sinn, weil Schichtsysteme selten verändert werden – was, wie nachfolgend deutlich werden wird, auch sehr sinnvoll ist, da mit jeder Änderung qualifizierte Zusammenarbeit und sozialer Zusammenhalt verloren zu gehen drohen. Es ist daher kein Wunder, dass es höchstens in großen Unternehmen mit vielen Schichtsystemen ausreichend diesbezügliche Expertise gibt. Umso wichtiger ist es aber, bei Schichtsystem-Umstellungen keine gravierenden Fehler zu machen – auch weil deren Korrektur dauern kann.

Dieses Buch soll Ihnen dabei helfen, für Ihre jeweiligen betrieblichen Problemstellungen passende flexible Schichtsysteme zu entwickeln: unabhängig davon, ob Sie im Management arbeiten, Betriebsrat o.ä. sind oder solche Systeme disponieren. Anders als in allen anderen mir bekannten Publikationen zu diesem Thema ist dabei der Aspekt **Flexibilität** von zentraler Bedeutung – auch, weil diese zur Vermeidung von Komplexität eingesetzt werden kann. Mit anderen Worten: Denkt man die potenzielle Flexibilität eines Schichtsystems von vornherein mit, hört also insbesondere bei dessen Entwicklung nicht (wie leider immer noch üblich) mit dem Schichtplan auf, lassen sich sehr häufig vergleichsweise einfache Lösungen finden. Nichtsdestotrotz werden nachfolgend auch komplexe Schichtsysteme vorgestellt, um sowohl deren Entwicklung als auch ihre möglichen Einsatzgebiete zu verdeutlichen.

Dieses Buch widme ich meiner Frau Anne Drescher, mit der zusammen das Social Distancing der letzten Wochen wunderbar auszuhalten war.

Potsdam
im Mai 2020

Andreas Hoff

Inhaltsverzeichnis

1	**Einführung**	1
	Literatur	6
2	**Hinweise zur Darstellung**	7
3	**Die Gestaltung von Schicht-, Pausen- und Nebenzeiten**	11
4	**Die drei Arten von Schichtsystemen – und wann sie eingesetzt werden sollten**	23
	Literatur	28
5	**In fünf Schritten zum einfachen flexiblen Schichtsystem**	29
	5.1 Ermittlung des Stellenbedarfs	31
	5.2 Festlegung der Team-Struktur	35
	5.3 Entwicklung passender Schichtpläne	37
	5.4 Kopplung von Schichtplan und Arbeitszeitkonto – und was bei hochlaufenden Arbeitszeitkonto-Salden zu tun ist	49

5.5	Vervollständigung durch passende „Flexi-Spielregeln"	59
5.6	Fazit	66
Literatur		67

6 Alle einfachen Schichtsysteme und die wichtigsten Mehrfachbesetzungssysteme (MBS) — 69

6.1	1:1-Systeme – Besetzungszahl 1,00	71
6.2	MBS mit einer Besetzungszahl von 1,00 bis unter 2,00	72
6.3	2:1-Systeme – Besetzungszahl 2,00	78
6.4	MBS mit einer Besetzungszahl von 2,00 bis unter 3,00	80
6.5	3:1-Systeme – Besetzungszahl 3,00	88
6.6	MBS mit einer Besetzungszahl von 3,00 bis unter 4,00	91
6.7	4:1-Systeme – Besetzungszahl 4,00	103
6.8	MBS mit einer Besetzungszahl von 4,00 bis unter 5,00	110
6.9	5:1-Systeme – Besetzungszahl 5,00	113
6.10	MBS mit einer Besetzungszahl von 5,00 bis unter 6,00	116
6.11	6:1-Systeme – Besetzungszahl 6,00	120
6.12	7:1-Systeme – Besetzungszahl 7,00	123
Literatur		124

7 Kombinierte Schichtsysteme (KS) — 125

7.1	KS Typ 1 – gespalten	125
7.2	KS Typ 2 – integriert	128
7.3	KS Typ 3 – geschichtet	131

Nachwort — 137

1
Einführung

> **Was Sie aus diesem Kapitel mitnehmen:**
>
> - Warum bei Schichtsystemen Flexibilität so wichtig ist
> - Wann Schichtsysteme eingesetzt werden sollten – und wann es besser ist, Dienst- oder Einsatzpläne zu nutzen
> - Warum Schichtpläne fortlaufend aktualisiert werden müssen
> - Welche Vorteile das Arbeiten in und mit Schichtteams hat
> - Warum in flexiblen Schichtsystemen Arbeitszeitkonten unverzichtbar sind

Dieses Buch beschäftigt sich mit der Entwicklung flexibler Schichtsysteme, wobei besonderes Gewicht auf „flexibel" gelegt wird – aus den folgenden Gründen:

- Ohne Flexibilität kann das Ziel eines jeden Schichtsystems, den jeweiligen Besetzungsbedarf verlässlich abzudecken, in aller Regel nicht erreicht werden. Dies liegt nicht nur daran, dass Besetzungsbedarfe oft nicht konstant sind, sondern auch daran, dass die Mitarbeiterverfügbarkeit immer schwankt – und es nur selten möglich

ist, dies ausschließlich durch Rückgriff auf Schichtsystem-externe personelle Ressourcen auszugleichen.
- Ohne Flexibilität sind mitarbeiterorientierte Schichtsysteme undenkbar, wie sie aber angesichts alternder Belegschaften (wie sie gerade auch im Schichtbetrieb vielerorts gegeben sind) und des sich ankündigenden Fachkräftemangels unverzichtbar sind. Dazu gehören nicht nur erweiterte Selbstbestimmungsmöglichkeiten bei der Verteilung der Arbeitszeit (auch zur Entlastung der Mitarbeiter*innen) bzw., bei deren Fremddisposition, die weitest mögliche Berücksichtigung ihrer Arbeitszeit- und Freizeitwünsche, sondern auch individuelle Optionen, auf Dauer und/oder auf Zeit verkürzt und/oder abweichend – z. B. ohne oder mit weniger Nachtschichten – zu arbeiten.
- Und last but not least kann Flexibilität vielfach an die Stelle von Komplexität treten, sodass zum Beispiel auch bei stark differenzierten Schicht-Besetzungen statt mit komplexen mit einfachen Schichtsystemen und Team-Strukturen gearbeitet werden kann – die daher in diesem Buch auch im Vordergrund stehen.

Schichtsysteme werden zur Verteilung der Vertragsarbeitszeiten immer dann eingesetzt, wenn zum einen zumindest grundsätzlich feststeht, wann gearbeitet werden muss, und dieser Besetzungsbedarf zum anderen so regelmäßig ist, dass er einen „ewigen" Schichtplan gestattet: ewig in dem eingeschränkten Sinne, dass dieser so lange weiterläuft, wie er (aus gegebenem Anlass) durch einen anderen ersetzt wird.

Mit einem Schichtplan erhalten die Mitarbeiter*innen ein hohes Maß an Planungssicherheit hinsichtlich ihrer Arbeitszeit, was gerade bei der mit Schichtarbeit meist verbundenen regelmäßigen Arbeit zu „unsozialen" Zeiten (abends, nachts, wochenends) von besonders großer Bedeutung ist und daher durch erforderliche Flexibilität nicht zu stark beeinträchtigt werden darf. Das Bundesarbeitsgericht hat in anderem Zusammenhang in einer jüngeren Entscheidung (Urteil vom 11.04.2019, 6 AZR 249/18) einen Anteil von maximal 25 % für Zeiträume nahegelegt, in denen in einem Schichtsystem Lage und Verteilung der Arbeitszeit nicht schon langfristig feststehen. Bei Zugrundelegung einer durchschnittlichen

5-Tage-Woche bedeutet dies, dass im Jahresdurchschnitt maximal ca. 15 % aller Kalendertage in diesem Sinne unsicher sein sollten – sodass komplementär an ca. 85 % aller Kalendertage sicher ist, in welcher Schicht der/die Mitarbeiter*in eingeplant ist bzw. ob er/sie frei hat. Diese Grenzwerte halte ich für sinnvoll und lege sie daher auch in diesem Buch zugrunde. Müssen sie spürbar überschritten werden, sollte statt eines Schichtsystems eine regelmäßig wiederkehrende, z. B. monatliche oder wochenweise Dienst- oder Einsatzplanung zur Anwendung kommen. Eine solche rollierende Planung hat zwar den Vorteil, dass darin die Arbeitszeit- und Freizeitwünsche der Mitarbeiter*innen prinzipiell besser berücksichtigt werden können als in Schichtsystemen, was aus meiner Sicht jedoch nicht ausreicht, das demgegenüber geringere Maß an langfristiger Arbeitszeit-Sicherheit aufzuwiegen.

Vor diesem Hintergrund haben sich in den letzten Jahren Mischformen aus Schicht-, Dienst- und Einsatzplanung entwickelt, die die Vorteile der verschiedenen Verfahren miteinander zu kombinieren suchen. In diesem Buch verfolge ich den Ansatz einer Kombination aus Schicht- und Einsatzplanung in der Form, dass wegen der vielen damit verbundenen Vorteile nach Möglichkeit ein Schichtplan die Grundlage bildet, dieser aber so flexibel ausgelegt ist, dass er unter Beachtung der jeweils mit festzulegenden „Flexi-Spielregeln" im Rahmen einer rollierenden Wochenplanung o.ä. – die im Übrigen auch von den Mitarbeiter*innen selbst durchgeführt werden kann – an wechselnde betriebliche Bedarfe sowie individuelle Arbeitszeit- und Freizeitwünsche angepasst werden kann; siehe hierzu ausführlich **Abschn. 5.5**. Umgekehrt können natürlich sich wiederholende Schichtfolgen auch in eine rollierende Dienst- oder Einsatzplanung eingebaut werden, sodass Sie in diesem Buch Anregungen auch hierfür finden können.

Mit dem Schichtplan als wichtigstem Element flexibler Schichtsysteme werden Schichtteams bzw. -gruppen (im Folgenden einfach **„Teams"**) den zu besetzenden Betriebsschichten fortlaufend zugeordnet. Einfache Beispiele hierfür sind die klassischen 2- und 3-Schichtsysteme, in denen die 2 bzw. 3 Teams wochenweise wechselnd an Werktagen Montag bis Freitag Früh- und Spätschichten bzw. Früh-, Spät- und Nachtschichten leisten.

Dass mittels Schichtsystemen Teams eingeplant werden, ist das aus meiner Sicht wichtigste Unterscheidungsmerkmal zur Dienst- und Einsatzplanung, in der die einzelnen Mitarbeiter*innen immer wieder neu disponiert werden – und zugleich der Grund, warum Schichtsysteme, wenn die oben angeführten Voraussetzungen gegeben sind, stets vorgezogen werden sollten:

- Aus betrieblicher Sicht ermöglichen Team-Strukturen einen Qualifikationsmix, der das Schichtsystem zum Beispiel beim Ausfall einzelner Mitarbeiter*innen stabilisiert, und erleichtern zudem die Mitarbeiterführung.
- Für die Mitarbeiter*innen wird hierdurch zum einen ein stabiles Arbeitsumfeld – sowohl die Kolleg*innen wie die Führung betreffend – geschaffen, das gerade unter den sozial problematischen Bedingungen der Schichtarbeit wichtig ist; ein Nebeneffekt ist die Erleichterung von Fahrgemeinschaften. Zum anderen können an Teams Dispositionsrechte – z. B. hinsichtlich der Verteilung von Pausen, Freischichten und Urlauben – delegiert und damit die heutzutage besonders wichtige und zugleich entlastende Arbeitszeit-Selbstbestimmung der Mitarbeiter*innen (in den natürlichen Grenzen des Schichtbetriebs) unterstützt werden.

Daher macht in Schichtsystemen „Teamgröße 1" in der Regel keinen Sinn. Kleine Teamgrößen erfordern darüber hinaus häufig teamübergreifende Vertretungen, was ggf. die entsprechende Konzipierung des flexiblen Schichtsystems erfordert. In jedem Fall aber sollten vor diesem Hintergrund stets möglichst große Teams angestrebt werden und sollte es auch dann, wenn größere Auslastungsschwankungen zu bewältigen sind („atmende Fabrik"), nach Möglichkeit keine ständigen Änderungen der Team-Struktur geben.

Äußeres Kennzeichen flexibler Schichtsysteme ist, dass sie durch individuelle Arbeitszeitkonten begleitet werden. Diese sind hier deshalb zwingend erforderlich, weil solche Schichtsysteme nicht genau auf die Vertragsarbeitszeit aufgehen können, sodass es in ihnen zwangläufig zu Abweichungen hiervon kommt. Darüber hinaus sind diese Arbeitszeitkonten aber auch das vielleicht wichtigste Hilfsmittel zur Steuerung des jeweiligen flexiblen Schichtsystems. Und last but not least ermöglichen sie es, dass für Teilzeitbeschäftigte kein spezielles Schichtsystem zum Einsatz kommen muss – was ein zentrales Hemmnis für individuell reduzierte Vertragsarbeitszeiten bei Schichtarbeit beseitigt. Vielmehr können Mitarbeiter*innen, die ihre Vertragsarbeitszeit aus persönlichen Gründen zeitweise oder auf Dauer reduzieren wollen oder müssen, damit in „ihrem" Team verbleiben – und erhalten dann einfach nur mehr Freischichten bzw. müssen weniger Zusatzschichten leisten.

Teilzeitarbeit ist im Übrigen auch deshalb ein sehr wichtiges Element flexibler Schichtsysteme, weil dadurch unter sonst gleichen Umständen die Teamgröße und damit zugleich die Stabilität des Schichtsystems zunimmt. Es ist daher durchaus einen Gedanken wert, den Mitarbeiter*innen innerhalb bestimmter Grenzen ein Wahlrecht hinsichtlich der Dauer ihrer Vertragsarbeitszeit anzubieten, das sie – mit z. B. 6 Monaten Ankündigungsfrist zum Monatsersten – immer wieder neu ausüben können („Wahlarbeitszeit") [1]. Damit kann insbesondere das noch weitgehend unerschlossene, zukünftig wegen der zunehmenden Bedeutung der Work-Life-Balance für viele Arbeitnehmer*innen aber besonders wichtige Gebiet der vollzeitnahen Teilzeitarbeit mit mindestens ca. 80 % der Regelarbeitszeit strategisch erschlossen werden.

Vor diesem Hintergrund ist dieses Buch wie folgt aufgebaut:

- In **Kap. 2** werden zunächst die verwendeten Abkürzungen und Schichtsystem-Bezeichnungen vorgestellt und Hinweise zur Darstellung der Schichtpläne gegeben.
- Anschließend geht es in **Kap. 3** um die Gestaltung der Schichtplänen zugrunde liegenden Schichten nebst der damit verbundenen Pausen- und Nebenzeiten (etwa für Übergabe und Umkleiden) – einschließlich der dabei (in Deutschland) zu beachtenden arbeits(zeit)rechtlichen Bestimmungen.
- Im für das Verständnis der weiteren Ausführungen zentralen kurzen **Kap. 4** werden dann zunächst die nach der hier vertretenen Konzeption drei Schichtsystem-Arten vorgestellt: einfache Schichtsysteme, Mehrfachbesetzungssysteme und kombinierte Schichtsysteme. Anschließend werden Hinweise darauf gegeben, unter

welchen Bedingungen welche Art von Schichtsystem zum Einsatz kommen sollte.
- Danach stelle ich in **Kap. 5** meine Methodik zur Entwicklung einfacher flexibler Schichtsysteme vor und behandele bei dieser Gelegenheit ausführlich die auch generell wichtigen Aspekte Ermittlung des Stellenbedarfs **(Abschn. 5.1)**, Festlegung der Team-Struktur **(Abschn. 5.2)**, Entwicklung von Schichtplänen **(Abschn. 5.3)**, Kopplung von Schichtplan und Arbeitszeitkonto **(Abschn. 5.4)** und Festlegung passender „Flexi-Spielregeln" **(Abschn. 5.5)**.
- In **Kap. 6** werden vor diesem Hintergrund in systematischer Reihenfolge, die Ihnen das Auffinden und die Eigen-Entwicklung für Ihren Anwendungsfall passender Schichtpläne erleichtert, alle einfachen Schichtsysteme und die aus meiner Sicht wichtigsten Mehrfachbesetzungssysteme vorgestellt.
- In **Kap. 7** schließlich werden ausgewählte kombinierte Schichtsysteme vorgestellt, die also aus mehreren Schichtsystemen (im Folgenden „Sub-Systemen") bestehen, bei denen es sich um einfache Schichtsysteme und/oder Mehrfachbesetzungssysteme handeln kann.

Literatur

1. Hoff, A. (2017). Von der Vollzeitarbeit zur Wahlarbeitszeit. In H. Diefenbacher, B. Held, & D. Rosenhäuser (Hrsg.), *Ende des Wachstums – Arbeit ohne Ende? Arbeiten in einer Postwachstumsgesellschaft* (S. 101–116). Marburg: Metropolis; auch unter www.arbeitszeitberatung.de/Arbeitszeitflexibilisierung.

2

Hinweise zur Darstellung

> **Was Sie aus diesem Kapitel mitnehmen:**
>
> - Welche Abkürzungen und Bezeichnungen in diesem Buch verwendet werden
> - Wie Schichtpläne einfach und übersichtlich dargestellt werden können
> - Was einen Schichtplan von einem Besetzungsplan unterscheidet – und warum man beides braucht

Hier zunächst die im Folgenden verwendeten **Abkürzungen** (in alphabetischer Reihenfolge):

a	Jahr/e (mit einschließlich der Schaltjahre durchschnittlich – auf 1 Nachkommastelle gerundet – 52,2 Wochen)
ArbZG	Arbeitszeitgesetz (in Deutschland)
D	Disposchicht: eine Schicht, die spätestens im Rahmen der Wochenplanung in ihrer Lage festgelegt oder zu einer Freischicht wird
F	Frühschicht

F+	Frühschicht von ca. 12 h Dauer (wenn z. B. im kontinuierlichen Schichtbetrieb mit nur 2 Schichten pro Tag gearbeitet wird)
h	Stunde/n
KS	Kombiniertes Schichtsystem: ein Schichtsystem, das aus mehreren Schichtsystemen (Sub-Systemen) besteht
MBS	Mehrfachbesetzungssystem: ein Schichtsystem, in dem zumindest ein Teil der Betriebsschichten durch mehrere (Teil-)Teams besetzt wird
min	Minute/n
N	Nachtschicht
N+	Nachtschicht von ca. 12 h Dauer (wenn z. B. im kontinuierlichen Schichtbetrieb mit nur 2 Schichten pro Tag gearbeitet wird)
S	Spätschicht
T	Tagschicht
w	Woche/n

Schichtsysteme werden im Folgenden nach der von ihnen abgedeckten Betriebszeit teils – wie allgemein üblich – so bezeichnet:

- In *kontinuierlichen* Schichtsystemen wird rund um die Uhr gearbeitet.
- In *vollkontinuierlichen* Schichtsystemen geschieht dies an allen Tagen.
- In *teilkontinuierlichen* Schichtsystemen wird ebenfalls rund um die Uhr gearbeitet, ein Teil der Kalenderzeit (in der Regel am Wochenende) aber ausgelassen.
- *Diskontinuierliche* Schichtsysteme unterscheiden sich von kontinuierlichen dadurch, dass in ihnen nicht rund um die Uhr gearbeitet wird, wobei die Besetzung in der Regel nachts unterbrochen wird.

Die in diesem Buch enthaltenen Schichtpläne werden in aller Regel jeweils kompakt in mehreren Formen dargestellt. Wie dies geschieht, soll nun am Beispiel eines klassischen 5-Tage-3-Schichtplans mit wochenweisem Wechsel der Schichtlage gezeigt werden:

2 Hinweise zur Darstellung

	Mo	Di	Mi	Do	Fr	Sa	So
Woche 1	F	F	F	F	F	-	-
Woche 2	N	N	N	N	N	-	-
Woche 3	S	S	S	S	S	-	-

| | Woche 1 ||||||| Woche 2 ||||||| Woche 3 |||||||
	Mo	Di	Mi	Do	Fr	Sa	So	Mo	Di	Mi	Do	Fr	Sa	So	Mo	Di	Mi	Do	Fr	Sa	So
Frühschicht	1	1	1	1	1			2	2	2	2	2			3	3	3	3	3		
Spätschicht	2	2	2	2	2			3	3	3	3	3			1	1	1	1	1		
Nachtschicht	3	3	3	3	3			1	1	1	1	1			2	2	2	2	2		

- Oben finden Sie immer den Schichtplan, wie er sich für den/die einzelne*n Mitarbeiter*in darstellt, der/die in diesem Beispiel in einem 3-Wochen-Zyklus arbeitet mit einer Frühschicht-Woche, die von einer Nacht- und einer Spätschichtwoche gefolgt wird. Bei kombinierten Schichtsystemen (KS) finden sie hier entsprechend viele Schichtpläne.
- Unmittelbar unter dem Schichtplan bzw. den Schichtplänen finden Sie immer den zugehörigen „Besetzungsplan", in dem die einzelnen Teams bzw. Teil-Teams den einzelnen Betriebsschichten über den jeweiligen kompletten Schichtzyklus bzw. bei KS die kombinierten kompletten Schichtzyklen hinweg zugeordnet werden. Dabei beginnt in den einfachen Schichtsystemen und Mehrfachbesetzungssystemen (MBS) immer Team 1 (bzw. bei MBS mit Teil-Teams Teil-Team 11) in Woche 1 des Besetzungsplans mit Schichtplan-Woche 1 und ist grau unterlegt, wodurch zugleich eine zweite Darstellungsweise des Schichtplans geliefert wird. Team 2 beginnt immer, soweit unten im Einzelfall nicht anders erwähnt (was bei Einsatz von Teil-Teams stets der Fall ist), mit Schichtplan-Woche 1 in Woche 2 des Besetzungsplans, etc. Bei den KS wird die Verknüpfung von Schichtplänen und Besetzungsplan unten jeweils im Einzelfall erläutert.

Werden in bestimmten Betriebsschichten mehrere (Teil-)Teams eingesetzt – was im obigen Schichtsystem nicht der Fall ist –, weist der Besetzungsplan für die betreffenden Schichten mehrere Zeilen auf, die dann jeweils für Arbeitsplatzgruppen stehen können. Damit kann dann festgestellt werden, ob und ggf. in welchem Maße das jeweilige Schichtsystem Arbeitsplatzwechsel von (Teil-)Teams erfordert und ob einzelne (Teil-)Teams davon auch vollständig verschont werden können. Der jeweils gezeigte Besetzungsplan stellt unter diesen Umständen immer nur eine von vielen Optionen dar.

3

Die Gestaltung von Schicht-, Pausen- und Nebenzeiten

Was Sie aus diesem Kapitel mitnehmen:

- Warum in Schichtsystemen mit grundsätzlich starren Schichten gearbeitet werden muss
- Welche rechtlichen Regelungen in Deutschland bei der Gestaltung von Schichten zu beachten sind
- Wie die Arbeitszeit im Schichtbetrieb erfasst werden sollte
- Wie mit Übergabe-, Umkleide- und sonstigen Nebenzeiten umgegangen werden sollte
- Welche Vor- und Nachteile ungleich lange Schichten haben

Im Schichtbetrieb muss den Mitarbeiter*innen Beginn und Ende der Arbeitszeit grundsätzlich vorgegeben werden. Dies ergibt sich erstens daraus, dass nur so die durch das jeweilige Schichtsystem abzudeckenden Besetzungsbedarfe tatsächlich abgedeckt werden können. Zweitens ist dies aber auch für die Mitarbeiter*innen wichtig, weil nur so sichergestellt werden kann, dass sie – bis auf Not- und Ausnahmefälle – den Arbeitsplatz am Ende der Schicht auch tatsächlich verlassen können. Dies ist ein wichtiger Bestandteil der mit Schichtsystemen verbundenen Planungssicherheit für die Mitarbeiter*innen und einer ihrer wenigen Vorteile gegenüber selbstgesteuerten flexiblen Arbeitszeitsystemen, der daher stets unbedingt verteidigt werden sollte. Und drittens schließlich stärken kollektive Vorgaben den Team-Gedanken und erleichtern Führung und Organisation; individuell im Einzelfall mögliche Abweichungen, die es selbstverständlich geben sollte, ändern hieran nichts.

Bevor ich konkrete Hinweise zur Gestaltung von Schichtzeiten und, damit zwingend verbunden, Pausenzeiten gebe, sollen die wichtigsten diesbezüglichen Regelungen im (deutschen) Arbeitszeitgesetz vorgestellt werden, die häufig in (hier zur Vereinfachung nicht detailliert nachgewiesener) Rechtsprechung konkretisiert worden sind; weitere, für die Gestaltung von Schichtplänen bedeutsame arbeitszeitgesetzliche Regelungen werden in **Abschn. 5.3.1** behandelt:

- Schichten dürfen grundsätzlich maximal 10 h Arbeitszeit enthalten (§ 3 ArbZG), wobei Übergabe- sowie vom Arbeitgeber vorgeschriebene Umkleidezeiten im Betrieb nebst damit verbundener Wegezeiten mitzählen – und zwar unabhängig davon, ob sie vergütet werden oder nicht.
- Hinzu kommen die Pausen und sonstigen Arbeitsunterbrechungen – unabhängig davon, ob sie wie Arbeitszeit vergütet werden (wie dies im Schichtbetrieb häufig der Fall ist) oder nicht. Daher kann beispielsweise dann ohne arbeitszeitschutzrechtliche Probleme in 12 h-Schichten gearbeitet werden, wenn diese maximal 10 h Arbeitszeit und ansonsten Pausenzeit enthalten.
- Schichten mit maximal 6 h Arbeitszeit dürfen pausenfrei gefahren werden (siehe hierzu, auch im Folgenden, § 4 ArbZG); ob dies sinnvoll ist, ist eine andere Frage. Enthält eine Schicht mehr als 6 h und maximal 9 h Arbeitszeit, müssen mindestens 30 min oder 2 × 15 min Pausenzeit eingelegt werden, weil Pausen von weniger als 15 min Dauer bei der Erfüllung der gesetzlichen Mindestpausenzeit nicht mitzählen; über die letztere hinausgehende Arbeitsunterbrechungen – z. B. für Rauchen oder den Kaffee zwischendurch – können aber auch kürzer als 15 min sein. Bis zu einer Schichtdauer von 6 h 15 min reicht daher eine Pause von mindestens

15 min Dauer, bei einer Schichtdauer von 6 h 20 min eine Pause von mindestens 20 min Dauer, etc., weil diese Schichten dadurch maximal 6 h Arbeitszeit aufweisen. Bei mehr als 9 h Arbeitszeit muss die betreffende Schicht mindestens 45 min gesetzliche Pausenzeit in Teilabschnitten von mindestens 15 min Dauer enthalten – also z. B. jeweils eine Pause à 20 bzw. 25 min. Für die Verteilung der Pausen wichtig ist noch, dass nicht mehr als 6 h ohne gesetzliche Pause gearbeitet werden darf. Und selbstverständlich muss eine Pause von Arbeitszeit umschlossen sein, sodass sie nicht an den Beginn oder das Ende der Schicht gelegt werden darf.

- Die Lage der Pause/n muss spätestens zu Schichtbeginn zumindest in Korridoren feststehen. Daher sollte stets ein entsprechendes Pausenregime festgelegt werden, das auch die Einhaltung der vereinbarten Pausenzeiten sicherstellen muss. Kann ein*e Mitarbeiter*in diese Pause/n einmal nicht oder nicht vollständig nehmen, hat er/sie, falls die Pausenzeit unbezahlt ist, einen Anspruch zumindest auf eine entsprechende Gutschrift auf dem Arbeitszeitkonto. Darüber hinaus kann in solchen Fällen ein Verstoß gegen gesetzliche Vorschriften vorliegen, weshalb für den Fall einer aufsichtsbehördlichen Prüfung eine detaillierte Begründung für die Pausen-Verkürzung dokumentiert werden sollte – wie dies hiermit zugleich auch für alle anderen potenziellen Verstöße gegen arbeitszeitgesetzliche Regelungen angeregt sei.
- Per Tarifvertrag kann in Schichtbetrieben die Aufteilung der jeweiligen gesetzlichen Mindestpausenzeit auf Teilabschnitte von weniger als 15 min Dauer zugelassen sein (§ 7 Abs. 1 Ziff. 2 ArbZG); alle anderen gesetzlichen Pausenregelungen wie z. B. die Dauer der Mindestpausenzeit pro Schicht bleiben unberührt. Diese sogenannten Kurzpausen sollten zur Gewährleistung jedenfalls eines gewissen Erholungswerts aber mindestens 5 min lang sein und sind aufgrund tarifvertraglicher Regelung oft zu vergüten, was aber – siehe schon oben – an ihrer Wertung als Pausenzeit nichts ändert.
- Per Tarifvertrag können auch über 10 h hinausgehende Tages-Arbeitszeitdauern zugelassen werden, „wenn in die Arbeitszeit regelmäßig und in erheblichem Umfang [die Rechtsprechung ver-

langt diesbezüglich einen Anteil in der Größenordnung von 30 %; AH] Arbeitsbereitschaft oder Bereitschaftsdienst fällt" (§ 7 Abs. 1 Ziff. 1 a) ArbZG). Unter Arbeitsbereitschaft ist dabei Anwesenheit am Arbeitsplatz ohne aktuelle Beanspruchung („Warten auf Arbeit") zu verstehen (z. B. Pförtner*in, Chauffeur*in), während sich der/die Mitarbeiter*in bei Bereitschaftsdienst an einem vom Arbeitgeber vorgegebenen Ort aufhält, um bei Bedarf zur Arbeit gerufen zu werden (z. B. im Schlafraum einer Feuerwache). Unter diesen Umständen sind nicht nur 12 h-Schichten möglich, sondern im Extrem auch Schichten von bis zu 24 h Dauer, wie sie etwa bei den meisten Feuerwehren und vielen Rettungsdiensten praktiziert werden.
- Tarifverträge können darüber hinaus Schichten mit bis zu 12 h Arbeitszeit an Sonn- und Feiertagen zulassen, ohne dass Arbeitsbereitschaft oder Bereitschaftsdienst vorliegen müssen, „wenn dadurch zusätzliche freie Schichten an Sonn- und Feiertagen erreicht werden" (§ 12 Ziff. 4 ArbZG).
- Mit aufsichtsbehördlicher Genehmigung schließlich sind im kontinuierlichen Schichtbetrieb Arbeitszeiten pro Schicht von bis zu 12 h an allen Tagen möglich „zur Erreichung zusätzlicher Freischichten" (§ 15 Abs. 1 Ziff. 1. a) ArbZG). Übliche Auflagen bei solchen Genehmigungen sind die Vorlage einer Gefährdungsbeurteilung unter besonderer Berücksichtigung der langen Tagesarbeitszeitdauer, mindestens 60 min (statt der in diesem Fall, siehe oben, gesetzlich erforderlichen 45 min) Pausenzeit in Teilabschnitten à mindestens 15 min – also keine Kurzpausen – sowie maximal 60 h Arbeitszeit in beliebigen 7-Tage-Zeiträumen, was die Schichtplan-Gestaltung erheblich beeinflusst.

Vor diesem Hintergrund nun zur konkreten Gestaltung der Schichtzeiten. Zur Illustration verwende ich die im industriellen 3-Schichtbetrieb in Deutschland gängigen Zeiten:

- Frühschicht 06:00–14:00
- Spätschicht 14:00–22:00
- Nachtschicht 22:00–06:00

3 Die Gestaltung von Schicht-, Pausen- und Nebenzeiten

In Deutschland wird in dieser Weise fast überall „auf Stoß" gefahren – und davon gehe ich nachfolgend auch stets aus. Es kann aber durchaus auch einmal sinnvoll sein, zwischen (den) Schichten etwas zeitlichen Abstand zu lassen für Reparaturen, eventuelle Nacharbeit, etc. und/oder in länger als zur Übergabe erforderlich überlappenden Schichten zu arbeiten.

Damit die zu bestimmten Zeiten zu besetzenden Positionen von den Mitarbeiter*innen auch tatsächlich entsprechend ausgefüllt werden, muss die Arbeitszeit in Arbeitskleidung am Arbeitsplatz beginnen und enden. Diesbezüglich hilft die auch im Schichtbetrieb weitverbreitete elektronische Zeiterfassung solange nicht, wie nicht an jedem Arbeitsplatz oder in dessen unmittelbarer Nähe ein Terminal steht – was aber praktisch nie der Fall ist. Die diesbezügliche Kontrolle ist vielmehr Aufgabe der Führungskraft – und bei überschaubarer Führungsspanne auch keine schwierige. Besonders leicht fällt sie, wenn die Schicht – wie ich dies auch aus anderen Gründen sehr empfehle – mit einem kurzen Team-Meeting beginnt (siehe unten); ebenso analog am Schichtende. Wiederholte Unpünktlichkeit von Mitarbeiter*innen kann und sollte abgemahnt werden – auch im Sinne der abzulösenden Kolleg*innen – und kann letztlich zu verhaltensbedingten Kündigungen führen.

Hinsichtlich der **Erfassung der Arbeitszeiten** bietet sich bei Schichtarbeit generell die sogenannte Negativ- oder Abweichungserfassung an, bei der nur Abweichungen von der planmäßigen Schicht erfasst werden und ansonsten davon ausgegangen wird, dass der/die Mitarbeiter*in wie geplant gearbeitet hat – was ja auch genau der Sinn des Arbeitens in Schichten ist. Muss also ein/e Mitarbeiter*in z. B. wegen Verspätung des/der Ablösenden oder einer Maschinenstörung länger bleiben, meldet die Führungskraft die betreffende Arbeitszeit an die Personalabrechnung – oder gibt sie selbst in das Zeitwirtschaftssystem ein. Das ist nicht mehr Aufwand als bei einer elektronischen Positiverfassung Kommt/Geht, weil z. B. allein eine Geht-Buchung nach Schichtende nicht dazu führen darf, dass diese Zeit dem/der Mitarbeiter*in gutgeschrieben wird. Vielmehr geschieht dies richtigerweise nur dann, wenn die Führungskraft diese Zeit bzw. den hiervon betrieblich gerechtfertigten Teil entsprechend freigibt. In diesem Sinne kann also auch eine bereits vorhandene Komm-Geht-Zeiterfassung Basis einer Negativerfassung der Arbeitszeit sein.

Übergabezeiten sollten grundsätzlich nicht für alle gleich, sondern nach dem jeweiligen Zeitaufwand differenziert sein: Operativ tätige Mitarbeiter*innen benötigen z. B. häufig überhaupt keine Übergabezeit oder nur wenige Minuten, während Schichtführer*innen für ihre Aufgaben oft deutlich mehr Zeit benötigen. Vor einer Festlegung von Übergabezeiten – die zu Schichtüberlappungen führen und als Zeiten der Doppelbesetzung teuer sind – muss also stets geklärt werden, was genau in dieser Zeit regelmäßig geschehen soll. Ausnahmefälle müssen nicht abgedeckt werden: Der hiermit verbundene zeitliche Zusatzaufwand wird, siehe oben, einfach negativ erfasst. Dabei kann es sich anbieten, die für alle Mitarbeiter*innen mindestens erforderliche Übergabezeit festzuschreiben und strukturell darüber hinausgehende Übergabezeiten (z. B. für Schichtführer*innen) im Rahmen einer Funktionszulage pauschal abzugelten. Dies hat zum einen den Vorteil, dass die normalerweise besonders knappen Beschäftigten mit längeren Übergabezeiten im Arbeitszeitkonto genauso behandelt werden wie ihre Kolleg*innen, hierin also insbesondere keine höheren Freizeitausgleichsansprüche ansparen. Zum anderen und vielleicht noch wichtiger führt eine solche Pauschalabgeltung in aller Regel dazu, dass die Übergabezeiten stets so knapp wie möglich gehalten werden – weil unter diesen Umständen kein materielles Interesse an ihrer Ausdehnung besteht.

Bei **Umkleide- und damit verbundenen Wegezeiten** kann es sich um vergütungspflichtige Arbeitszeit handeln oder auch nicht; dies hängt von den diesbezüglichen tarifvertraglichen, betrieblichen und/oder arbeitsvertraglichen Regelungen ab. In jedem Fall aber liegen diese Zeiten vor und nach der Arbeits- und ggf. der Übergabezeit.

Für den Fall, dass Umkleide- und damit verbundene Wegezeiten vergütet werden müssen, empfehle ich, den hiermit verbundenen, ggf. differenzierten (etwa nach Lage und/oder Art des Arbeitsplatzes) zeitlichen Aufwand objektiv erheben zu lassen und diesen dann pauschal auf die Vertragsarbeitszeit anzurechnen. Beträgt dieser Aufwand beispielsweise 5 min pro Umkleidevorgang, beginnt und endet die Schicht nicht etwa 5 min früher bzw. später. Vielmehr bleibt es dabei, dass die Arbeitszeit in Arbeitskleidung am Arbeitsplatz beginnt und endet,

3 Die Gestaltung von Schicht-, Pausen- und Nebenzeiten 17

sodass der/die Mitarbeiter*in sich so langsam oder schnell umziehen und anschließend zum Arbeitsplatz begeben kann, wie er/sie dies möchte – solange er/sie pünktlich am Arbeitsplatz eintrifft; analog am Schichtende.

Waschzeiten gehören grundsätzlich zum Bereich der persönlichen Hygiene und sind in aller Regel nur bei starker Verschmutzung und/oder zum Beispiel dann auf die Vertragsarbeitszeit anzurechnen, wenn der/die Mitarbeiter*in während der Arbeit mit gesundheitsgefährdenden Materialien in Berührung kommt. Systematisch gilt in solchen Fällen das oben zu Umkleide- und damit verbundenen Wegezeiten Ausgeführte.

In einigen mir bekannten Betrieben beginnen und/oder enden alle Schichten mit einem kurzen, von der Führungskraft geleiteten **Team-Meeting**, das zu Schichtbeginn ggf. vor bzw. zu Schichtende ggf. nach der Arbeitsplatz-Übergabe stattfindet. Ziele dieses Arbeitszeit-Investments (weil Doppelbesetzungs-Zeit) sind z. B.,

- das im Schichtbetrieb besonders wichtige Zusammengehörigkeitsgefühl im Team zu fördern;
- die Mitarbeiter*innen zu begrüßen bzw. zu verabschieden (Wertschätzung);
- allgemein bedeutsame betriebliche Informationen zu übermitteln;
- gemeinsam auf die anstehende Schicht voraus- bzw. auf die abgelaufene Schicht zurückzuschauen – einschließlich Aufgabenverteilung zu Schichtbeginn;
- den kontinuierlichen Verbesserungsprozess (KVP) zu fördern.

Ebenfalls sehr sinnvoll, jedoch ebenso wenig verbreitet sind längere regelmäßige Meetings (für z. B. 60–90 min) für Teams oder Teile von Teams mit ähnlicher Zielsetzung, die im Schichtplan verankert werden (am besten vor einer Spätschicht) und in denen etwa Qualifizierungsmaßnahmen und Gruppentrainings durchgeführt werden.

Und schließlich kann es im Schichtbetrieb auch noch anlassbezogene Zusatz-Arbeitszeiten geben. Sehr bewährt hat es sich in meiner Beratungspraxis beispielsweise, alle Schichtmitarbeiter*innen in der

Form so gut wie gleichzeitig mit einem neuen Schichtsystem vertraut zu machen bzw. in eine diesbezügliche Diskussion einzubeziehen, dass an einem bestimmten Tag vor der Spät-, nach der Früh- und vor der Nachtschicht 60–90 minütige Informationsveranstaltungen stattfinden. Mitarbeiter*innen, die an diesem Tag schichtplanmäßig frei haben, können sich dann die von ihnen besuchte Veranstaltung aussuchen. So oder ähnlich kann dies natürlich auch aus anderem Grund gemacht werden.

Die vorstehenden Ausführungen werden in Abb. 3.1 noch einmal zusammenfassend veranschaulicht. In diesem Fall gibt es

- gleich lange Schichten, orientiert an den gängigen Zeiten 06:00–14:00–22:00-06:00;
- pauschal auf die Arbeitszeit angerechnete 5 min Umkleide- und Wegezeit zu Schichtbeginn und -ende;
- ein 5 minütiges Team-Meeting zu Beginn der Schicht;
- grundsätzlich 5 min Übergabezeit am Arbeitsplatz, wobei strukturell längere Übergabezeiten den betreffenden Mitarbeiter*innen im Rahmen entsprechender Funktionszulagen pauschal vergütet werden, während Überziehungen der 5 min im Einzelfall am Schichtende nachzumelden sind.

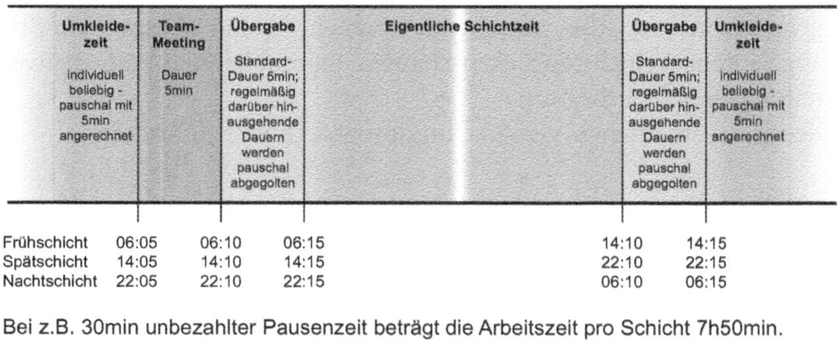

Umkleide-zeit	Team-Meeting	Übergabe	Eigentliche Schichtzeit	Übergabe	Umkleide-zeit
individuell beliebig - pauschal mit 5min angerechnet	Dauer 5min	Standard-Dauer 5min; regelmäßig darüber hinausgehende Dauern werden pauschal abgegolten		Standard-Dauer 5min; regelmäßig darüber hinausgehende Dauern werden pauschal abgegolten	individuell beliebig - pauschal mit 5min angerechnet

Frühschicht	06:05	06:10	06:15	14:10	14:15
Spätschicht	14:05	14:10	14:15	22:10	22:15
Nachtschicht	22:05	22:10	22:15	06:10	06:15

Bei z.B. 30min unbezahlter Pausenzeit beträgt die Arbeitszeit pro Schicht 7h50min.

Abb. 3.1 Drei Schichten pro Tag mit Umkleide-, Team-Meeting- und Übergabezeiten

3 Die Gestaltung von Schicht-, Pausen- und Nebenzeiten

Abschließend möchte ich nun noch darauf hinweisen, dass die bisherige implizite Grundannahme gleich langer Schichten nicht naturgegeben ist und es durchaus gute Gründe dafür geben kann, im Zusammenhang mit der Entwicklung eines Schichtsystems auch einmal über unterschiedlich lange Schichten nachzudenken. Interessant sind hierbei vor allem ein früheres Ende von Früh- und Spätschicht und (alternativ) eine kürzere Dauer der Nachtschicht:

- Endet die Frühschicht spätestens um 13:00, bringt dies erstens eine spürbare Entlastung derjenigen Mitarbeiter*innen mit sich, die angesichts des üblichen frühen Beginns der Frühschicht „mitten in der Nacht" aufstehen müssen, um pünktlich am Arbeitsplatz erscheinen zu können. Zweitens kann dann auf eine in der Frühschicht liegende Mittagspause verzichtet und ausschließlich eine Frühstückspause ausreichender Dauer gewährt werden (siehe nachfolgend die diesbezüglichen Beispiele). Und drittens schließlich verlängert sich hierdurch für die Mitarbeiter*innen die im 3-Schichtbetrieb am besten nutzbare Freizeit, zu deren Beginn sie bei einem entsprechenden betrieblichen Angebot sogar noch entscheiden können, ob sie nach Schichtende und damit ohne jeden Zeitdruck und ggf. gemeinsam mit Kolleg*innen in die Kantine gehen oder nicht.
- Auf eine relativ früh liegende Frühstückspause kann in der Frühschicht aber auch dann nicht verzichtet werden, wenn es eine Mittagspause gibt. Dadurch entsteht in normal langen Frühschichten das Problem a) zweier Pausen mit dem damit verbundenen Störpotenzial, von denen zudem b) eine so kurz vor dem Arbeitsende liegt, dass viele Mitarbeiter*innen danach nicht mehr so richtig „auf Leistung kommen".
- Endet die Spätschicht spätestens um 21:00, kommt der/die Mitarbeiter*in noch zu einer nicht nachtschlafenden Zeit nach Hause, was in dieser mit dem Sozialleben besonders schlecht verträglichen Schichtlage von großer Bedeutung ist. Ein eventueller früherer Beginn dieser Schicht fällt demgegenüber in der Regel kaum ins Gewicht.
- Wird die Nachtschicht verkürzt, reduziert dies die Belastung der Mitarbeiter*innen durch diese besonders beanspruchende Schicht.

Vor diesem Hintergrund möchte ich nun in aller Kürze und in vereinfachter Form vier Praxis-Beispiele mit ungleich langen Schichten vorstellen:

	Beispiel 1	Beispiel 2	Beispiel 3	Beispiel 4
Frühschicht	06:00–12:00	06:00–13:00	06:00–13:00	06.00–14:00
Spätschicht	12:00–21:00	13:00–21:00	13:00–20:00	14:00–23:00
Nachtschicht	21:00–06:00	21:00–06:00	20:00–06:00	23:00–06:00

Während in den Beispielen 1–3 die Nachtschicht verlängert wird – ob dies tatsächlich und insbesondere so extrem wie in Beispiel 3 möglich ist, muss stets im Rahmen einer diesbezüglichen Gefährdungsbeurteilung geklärt werden –, wird sie in Beispiel 4 verkürzt, was hier im Gegenzug (Nullsummenspiel) zu einer ungünstigeren Spätschicht führt. Beispiel 1 kann im Übrigen deshalb besonders interessant sein, weil hier in der Frühschicht bei (einschließlich Übergabe- und Umkleidezeiten, etc. – siehe oben) nicht mehr als 6 h Arbeitszeit die Pausendauer auf z. B. (bei den Annahmen in Abb. 3.1) 20 min reduziert werden kann, was für eine Frühstückspause ausreichen könnte.

Das Problem unterschiedlich langer Arbeitszeitdauern pro Schicht liegt in deren administrativem Handling. So sollte wegen der in solchen Fällen bei Urlaub unterschiedlichen Freistellungsdauern pro Tag aus meiner Sicht – um Manipulationen auszuschließen – ein sogenanntes Urlaubsstundenkonto geführt werden, dem der in Stunden umgerechnete individuelle Urlaubsanspruch gutgeschrieben und dem dann die einzelnen Urlaubstage mit der hierauf entfallenden Tages-Vertragsarbeitszeit belastet werden.

Beispiel für ein Urlaubsstundenkonto:

Die Frühschicht enthält in diesem Beispiel 6 h Arbeitszeit, die Spät- und Nachtschichten enthalten jeweils 8,5 h Arbeitszeit, die Vertragsarbeitszeit beträgt 37,5 h/w und der Urlaubsanspruch 30 Tage = 6 Wochen pro Jahr (weil (tarif)vertraglichen Urlaubsansprüchen grundsätzlich die 5-Tage-Woche zugrunde liegt).
Damit beträgt der in Stunden umgerechnete Urlaubsanspruch [37,5 h/w × 6 w/a =] 225h /a. Hiervon werden Frühschicht-Urlaubstage mit 6 h und die sonstigen Urlaubstage mit 8,5 h abgebucht.

Dieses (vollständig faire und zudem im Verhältnis zur Alternative Quotierung der Urlaubstage entsprechend ihrer Freistellungsdauer (siehe hierzu das Beispiel in **Abschn. 6.**7) unaufwendige) Verfahren ist allerdings juristisch Mindermeinung und mit entsprechenden Risiken verbunden, die jedoch bereits in vielen Betrieben in Kauf genommen werden.

Darüber hinaus ist die in flexiblen Schichtsystemen zwingende Kopplung mit dem begleitenden Arbeitszeitkonto (siehe hierzu ausführlich **Abschn. 5.**4) bei einheitlichen Arbeitszeitdauern pro Schicht wesentlich einfacher. Nichtsdestotrotz gibt es Konstellationen, in denen unterschiedlich lange Schichten eingeführt werden müssen, weil sich der Besetzungsbedarf mit gleich langen Schichten nicht abdecken lässt. Ist beispielsweise in einem kontinuierlichen Schichtbetrieb der Zeitraum 06:00–16:00 deutlich höher zu besetzen als die restliche Zeit, kann es eine gute oder vielleicht sogar die einzig mögliche Lösung sein, die Frühschicht von 06:00–16:00 anzusetzen und die Spätschicht z. B. von 16:00–22:00 (jeweils ggf. zzgl. Übergabe- und Rüstzeiten).

In den Schichtplan-Beispielen in den **Kap. 6 und 7** gehe ich zur Vereinfachung grundsätzlich immer von gleich langen Schichten aus. Abweichend hiervon gibt es jedoch einige Beispiele für vollkontinuierliche 3-Schichtsysteme mit Sonntag und teilweise zusätzlich Samstag auf ca. 12 h verlängerten Schichten, um hierin den Anteil der zu arbeitenden Sonntage bzw. Wochenenden zu vermindern. Nur in diesem Zusammenhang wird nachfolgend die konkrete Umsetzung ungleicher Arbeitszeitdauern pro Schicht ausführlich (in **Abschn. 6.**7) behandelt.

Ihr Transfer in die Praxis:
- Legen Sie die Schichten genau entsprechend dem Besetzungsbedarf fest – selbst wenn dadurch ungleich lange Arbeitszeitdauern pro Schicht zu Stande kommen.
- Sorgen Sie dafür, dass die Schichtzeiten eingehalten werden – insbesondere durch eine dies unterstützende Form der Arbeitszeiterfassung.
- Gestalten Sie eventuelle Nebenzeiten ziel- statt rein aufwandsorientiert.

4
Die drei Arten von Schichtsystemen – und wann sie eingesetzt werden sollten

> **Was Sie aus diesem Kapitel mitnehmen:**
>
> - Welche Arten von Schichtsystemen es gibt und wodurch diese sich unterscheiden
> - Warum einfache Schichtsysteme, in denen alle Teams alle Betriebsschichten planmäßig allein besetzen, grundsätzlich vorgezogen werden sollten
> - Unter welchen Umständen dennoch stattdessen ein Mehrfachbesetzungssystem oder ein kombiniertes Schichtsystem infrage kommt

Nach der diesem Buch zugrunde liegenden Systematik können alle Schichtsysteme diesen drei Kategorien zugeordnet werden:

- **Einfache Schichtsysteme:**
  Das sind Schichtsysteme, in denen alle Teams alle Betriebsschichten besetzen und dabei jeder Betriebsschicht via Schichtplan 1 Team zugeordnet wird – wie im Beispiel des konventionellen 3-Schichtsystems aus Kap. 2 mit seinen 3 Teams. Solche Schichtsysteme nenne ich **n:1-Systeme.** Darin steht n für die Zahl der Teams, während der Nenner 1 ist, weil er für die Zahl der pro

Betriebsschicht eingeplanten Teams steht. Beim Beispiel aus Kap. 2 handelt es sich demnach um ein 3:1-System.

- **Mehrfachbesetzungssysteme (MBS):**
  Das sind Schichtsysteme, in denen zwar wiederum alle Teams alle Betriebsschichten besetzen (bei deren hier möglicher differenzierten Besetzung in entsprechend abgestufter Häufigkeit), dabei aber zumindest ein Teil dieser Betriebsschichten durch mehrere Teams besetzt wird (daher der Name).
  Diese Teams können (unter der logischen Voraussetzung, dass es mehr als 1 Team gibt) entweder Teil-Teams von Teams sein oder eigenständige Teams. Im erstgenannten Fall – nachfolgend als **MBS Typ 1** bezeichnet – spreche ich von **nxp:m-Systemen** (mit $p \geq m$ und $n, m, p > 1$). Dabei steht n weiterhin für die Zahl der Teams, p für die Zahl der Teil-Teams pro Team und m für die maximale Zahl der in den Betriebsschichten gleichzeitig eingeplanten Teil-Teams. Werden also z. B. 3 Teams eingesetzt, die jeweils noch einmal in 3 Teil-Teams aufgeteilt sind, und werden pro Betriebsschicht bis zu 3 Teil-Teams eingesetzt, handelt es sich in dieser Diktion um ein $3 \times 3{:}3$-System.
  Werden dagegen völlig eigenständige Teams eingesetzt, spreche ich nachfolgend von **MBS Typ 2** mit der allgemeinen Bezeichnung **n:m-System** (mit $n \geq m$ und $n, m > 1$). Dabei steht n wie stets für die Zahl der Teams und m analog zu eben für die (maximale) Zahl der in den einzelnen Betriebsschichten eingeplanten Teams. Würden also z. B. 9 Teams eigenständig eingeplant werden, von denen pro Betriebsschicht (maximal) 3 eingeplant werden, handelte es sich nach dieser Diktion um ein 9:3-System.
  Und schließlich gibt es auch noch, in der betrieblichen Praxis allerdings sehr selten, Kombinationen aus diesen beiden Typen, bei denen es also zum einen Teil-Teams gibt, die aber zum anderen zumindest in einem Teil der Betriebsschichten teamübergreifend kooperieren. Da diese MBS jedoch dieselbe Team-Struktur aufweisen wie MBS Typ 1, behandele ich sie der Einfachheit halber nachfolgend als solche.

- **Kombinierte Schichtsysteme (KS):**
  Das sind Schichtsysteme, die aus mehreren Schichtsystemen (Sub-Systemen) bestehen. Dabei können entweder mehrere einfache Schichtsysteme und/oder MBS so miteinander kombiniert werden, dass keine der Betriebsschichten gemeinsam besetzt wird (**KS Typ 1**) – wie die einfachen Beispiele der Kombination von 2-Schichtsystem und Dauernachtschicht bzw. von 3-Schichtsystem und Wochenendschicht zeigen; solche Systeme werden auch als gespaltene Schichtsysteme bezeichnet (diese und die beiden folgenden Typ-Bezeichnungen wurden erstmals in [1] (S. 43) verwendet). Es gibt aber auch Kombinationen von einfachen Schichtsystemen und/oder MBS, in denen zumindest ein Teil der Betriebsschichten abwechselnd (also nicht gleichzeitig) aus verschiedenen Sub-Systemen heraus besetzt wird (**KS Typ 2**), und auch **KS Typ 3**, bei denen zumindest ein Teil der Betriebsschichten gleichzeitig aus mehreren Sub-Systemen heraus besetzt wird. Die beiden letztgenannten KS werden auch als integrierte bzw. geschichtete Schichtsysteme bezeichnet.

Alle rechnerisch plausiblen einfachen Schichtsysteme sowie die aus meiner Sicht wichtigsten MBS stelle ich anhand von Beispielen in **Kap. 6** vor, einige instruktive Beispiele für KS in **Kap. 7**.

Unter welchen Umständen sollte nun welche Art Schichtsystem eingesetzt werden?

- **Einfache Schichtsysteme** sollten nach Möglichkeit stets vorgezogen werden, weil hier immer nur 1 Team pro Betriebsschicht eingeplant ist, das daher auch vergleichsweise groß ist. Darüber hinaus kann mit diesen Systemen eine beliebige Zahl von Arbeitsplätzen besetzt werden, sodass sie perfekt skalierbar und daher insbesondere auch für kleine Besetzungen geeignet sind. Dass nur 1 Team pro Betriebsschicht eingeplant ist, erleichtert Führung und Kooperation und ist aus diesem Grund auch gut für die Motivation der Mitarbeiter*innen. Und schließlich kann der Schichtzyklus dieser

Systeme besonders kurz ausgelegt werden, was zu übersichtlichen und leicht administrierbaren Schichtplänen führt. Einfache Schichtsysteme setzen jedoch voraus, dass die Schicht-Besetzungen vergleichbar groß sind und alle Mitarbeiter*innen im selben Schichtsystem arbeiten – wobei ein gewisses Maß an Abweichungen (in beiden Hinsichten) über ihre flexible Handhabung ermöglicht werden kann. Des Weiteren sollte in ihnen die schichtplanmäßige Arbeitszeit nicht zu stark von der jeweiligen Regelarbeitszeit abweichen (nach meiner Empfehlung zu maximal gut ± 10 %): zum einen wegen des Aufwands für die Steuerung und Administration der daraus resultierenden Frei- bzw. Zusatzschichten der Mitarbeiter*innen, zum anderen aber auch, weil bei einer Vielzahl solcher Schichten ihr Team-Bezug entsprechend leidet.

- Immer dann, wenn die Schicht-Besetzungen „zu stark" differieren und/oder mit einem n:1-System die Regelarbeitszeit „zu sehr" verfehlt werden würde, muss, wenn alle Mitarbeiter*innen im selben Schichtsystem arbeiten sollen (sonst könnte ja auch ein KS eingesetzt werden), ein **MBS** eingeführt werden, in dem also zumindest in einem Teil der Betriebsschichten mehrere Teams eingeplant werden. Dies kann sich z. B. dann anbieten, wenn ein Teil der Betriebsschichten nur ca. hälftig oder zu ca. 2/3 besetzt werden muss: Dann kommt der Einsatz von bis zu 2 bzw. 3 Teams pro Betriebsschicht infrage, von denen in den Betriebsschichten mit abgesenkter Besetzung in unserem Beispiel nur eines bzw. 2 eingeplant werden.
Bei Einsatz eines MBS muss, wenn es mehr als 1 Team gibt, zusätzlich entschieden werden, ob mit Teil-Teams von Teams (MBS Typ 1) oder mit eigenständigen Teams (MBS Typ 2) gearbeitet werden soll. Ersteres erleichtert Kooperation und Führung, erfordert jedoch mit zunehmender Zahl der Teil-Teams relativ große Schicht-Besetzungen und zieht lange Schichtzyklus-Dauern mit entsprechend unübersichtlichen und schwierig zu administrierenden Schichtplänen nach sich. Demgegenüber führt die Entscheidung für ein MBS Typ 2 zu ständigen Kooperationswechseln zumindest in einem Teil der Betriebsschichten, die aber auch ganz bewusst angestrebt

werden können (besserer Informationsfluss, Reduzierung der Gefahr der Abgrenzung der Teams untereinander, Standardisierung von Arbeitsprozessen), bringt dafür aber vergleichsweise kurze Schichtzyklus-Dauern mit sich.

- Ein **KS** muss immer dann gewählt werden, wenn ein für alle Mitarbeiter*innen einheitliches Schichtsystem nicht eingeführt werden kann oder soll (weil z. B. in einen kontinuierlichen Schichtbetrieb nachtschichtuntaugliche Mitarbeiter*innen einbezogen werden sollen und dies allein mit der flexiblen Handhabung eines einfachen Schichtsystems bzw. MBS nicht erreicht werden kann). Ein solches System kann aber auch genutzt werden, um eine deutliche Vereinfachung gegenüber einem ansonsten erforderlichen MBS zu erreichen.
Nachteilig an KS ist vor allem, dass Regeln geschaffen werden müssen, nach denen die Mitarbeiter*innen den einzelnen Sub-Systemen mit ihren relativen Vor- und Nachteilen zugeordnet werden, die aber das Entstehen von Unzufriedenheit nicht ausschließen können. Darüber hinaus ist es natürlich deutlich schwieriger, ein kombiniertes als ein einheitliches Schichtsystem zu ändern, weil dadurch bei den einzelnen Mitarbeitergruppen ganz unterschiedliche Arbeitszeit-, Freizeit- und materielle Belange berührt werden. Und schließlich können auch noch Führung und betriebliche Integration von Mitarbeiter*innen in vom Tagdienst weitgehend isolierten Sub-Systemen (wie der Dauernachtschicht) schwierig sein.

Vor diesem Hintergrund stelle ich im nun folgenden **Kap. 5** meine Methodik zur Entwicklung einfacher flexibler Schichtsysteme vor.

Ihr Transfer in die Praxis:

- Konzentrieren Sie sich zunächst stets auf die Entwicklung eines einfachen flexiblen Schichtsystems – mithilfe der in Kap. 5 vermittelten Methodik.

Literatur

1. Kutscher, J., Weidinger, M., & Hoff, A. (1996). *Flexible Arbeitszeitgestaltung. Praxis-Handbuch zur Einführung innovativer Arbeitszeitmodelle.* Wiesbaden: Gabler.

5
In fünf Schritten zum einfachen flexiblen Schichtsystem

> **Was Sie aus diesem Kapitel mitnehmen:**
>
> - Wie sie den Stellenbedarf eines Schichtsystems ermitteln – und warum dies immer zuerst geschehen muss
> - Wie hieraus passende Team-Strukturen entwickelt werden
> - Wie Sie vor diesem Hintergrund einfache Schichtpläne entwickeln
> - Welche Optionen zur Kopplung von Schichtplan und Arbeitszeitkonto es gibt – und wie mit auflaufenden Arbeitszeitkonto-Salden umgegangen werden sollte
> - Mit welchen „Flexi-Spielregeln" Schichtpläne bedarfs- und bedürfnisgerecht gefahren werden können

In diesem Kapitel stelle ich ein Verfahren zur Entwicklung einfacher flexibler Schichtsysteme vor, das sich in fast 40 Jahren praktischer Arbeitszeitberatung nach und nach herausgebildet hat – siehe hierzu **Abb. 5.1**, [2], [4], [5] und [6] – und das ich in weiterhin stets anwende, und illustriere es durch ein einfaches Beispiel. Es beginnt (in **Abschn. 5.1**) mit der Ermittlung des Stellenbedarfs – aus diesen Gründen:

①
Arbeitszeitbedarf (h/w)
───────────────────── = Netto-Stellenbedarf **(vor Abwesenheitszeiten)**
Arbeitszeit / MA (h/w)

Arbeitszeitbedarf: Besetzungszeit x Besetzungsstärke/n, ggf. im Jahresdurchschnitt und abzüglich nicht auf die Arbeitszeit angerechneter Pausenzeit
Arbeitszeit / MA: Regelarbeitszeit oder hiervon abweichende Planarbeitszeit

②
Netto-Stellenbedarf
───────────────────── = Brutto-Stellenbedarf
1 - (Abwesenheitsquote (%) : 100 (%))

Dabei ist die **Abwesenheitsquote** unter Berücksichtigung der *Schichtsystem-extern* (z.B. durch andere Bereiche, Leiharbeit, Ferienhelfer) vertretenen Abwesenheitszeiten festzulegen.

„Sage es mir, und ich vergesse es, lass es mich tun, und ich behalte es."
Konfuzius

Abb. 5.1 Ermittlung des Stellenbedarfs – in zwei Schritten

- Liegt eine personelle Unterbesetzung vor, kommt es bei der Steuerung des flexiblen Schichtsystems zwangsläufig zur Unterbesetzung von Betriebsschichten und/oder im Arbeitszeitkonto zu nicht durch Freizeit ausgleichbaren Arbeitszeitguthaben – und damit potenziell zu Überlastung und Demotivation von Mitarbeiter*innen.
- Ist eine personelle Überbesetzung gegeben, werden zu viele Mitarbeiter*innen in Schichtarbeit beschäftigt, was wegen der damit verbundenen Belastungen und Kosten nicht richtig sein kann.
- Und last but not least können ohne korrekt ermittelten Stellenbedarf keine passenden Team-Strukturen entwickelt werden (siehe hierzu **Abschn. 5.2**) – und damit auch keine auf diesen basierende passende Schichtsysteme.

Steht der Stellenbedarf fest, müssen im zweiten Schritt Teams gebildet werden. Dabei gibt es fast immer mindestens zwei Alternativen, die zu entsprechend unterschiedlichen Schichtsystemen führen.

In den darauffolgenden beiden Schritten werden vor diesem Hintergrund alternative Schichtpläne entwickelt (**Abschn. 5.3**) und diese mit dem begleitenden Arbeitszeitkonto verknüpft (**Abschn. 5.4**). Im letzten

Schritt schließlich wird das Schichtsystem durch Regeln zu seiner flexiblen Handhabung komplettiert (**Abschn. 5.5**).

Und hier nun das begleitende einfache

> **Beispiel** (das ich teilweise auch schon in [4] verwendet habe):
>
> In einem Kraftwerk sind rund um die Uhr – also 24 h an allen Kalendertagen – gleichmäßig 8 Arbeitsplätze zu besetzen – was, siehe oben, eine für die Einführung eines einfachen Schichtsystems besonders günstige Konstellation ist. Die an den einzelnen Arbeitsplätzen erforderlichen unterschiedlichen Qualifikationen sollen innerhalb der Teams abgebildet werden können; anderenfalls müssten und könnten mit dem nachfolgend vorgestellten Verfahren auch Schichtsysteme für die einzelnen Gewerke entwickelt werden. Gearbeitet wird in 3 Schichten pro Tag von 06:00–14:15, 14:00–22:15 und 22:00–06:15, sodass stets insgesamt 15 min Übergabe- und Rüstzeit gegeben sind. Die Regelarbeitszeit beträgt durchschnittlich 38 h/w. Die Pausen – gesetzlich sind hier 30 min pro Schicht vorgeschrieben – werden wie Arbeitszeit vergütet. Flexibilität ist „nur" beim Ausfall von Mitarbeiter*innen gefordert.

5.1 Ermittlung des Stellenbedarfs

Den Stellenbedarf ermittele ich in zwei Schritten mithilfe der in Abb. 5.1 vorgestellten Formeln. Er wird dabei auf Wochenbasis (und nicht z. B. jahresbezogen) ermittelt – aus den folgenden Gründen:

- Arbeits- und tarifvertraglich werden in Deutschland weit überwiegend Wochenarbeitszeiten vereinbart, sodass diesbezüglich nichts umgerechnet werden muss.
- Dem Schichtbetrieb liegt meist eine wochenbezogene Betriebszeit zugrunde – z. B. Montag 06:00 bis Samstag 14:00 –, sodass auch diesbezüglich nichts umgerechnet werden muss. Schwanken Betriebszeit und/oder Besetzungsstärke – z. B. auftragsbezogen und/ oder aufgrund saisonaler Verläufe –, kann dies durch entsprechende Durchschnittsbildung berücksichtigt werden.
- Da der Ermittlung des Stellenbedarfs in der Regel Prognosen zugrunde liegen, sind die diesbezüglichen Berechnungen meist mit entsprechenden Unsicherheiten verbunden, weswegen ein relativ grobes

Verfahren völlig ausreicht. Stimmen Prognosen nicht, schlägt sich dies in ausreichend flexiblen Schichtsystemen „nur" in durchschnittlich steigenden bzw. sinkenden Arbeitszeitkonto-Salden nieder, was dann – und zwar glücklicherweise nicht immer sofort, weil das Arbeitszeitkonto puffert – entsprechende Kapazitäts-Reaktionen erfordert. Nichtsdestotrotz berechne ich Stellenbedarfe stets mit 2 Nachkommastellen, um die Aufmerksamkeit darauf zu richten, dass in flexiblen Schichtsystemen auch und gerade Teilzeitbeschäftigte sehr gut eingesetzt werden können, die hierbei entsprechend ihrem Stellenanteil zu berücksichtigen sind.

- Mithilfe flexibler Schichtsysteme können auf dem einen Extrem sämtliche Ausfallzeiten der Mitarbeiter*innen Schichtsystem-intern abgedeckt werden und auf dem anderen Extrem gar keine (wenn hierfür z. B. andere, Schichtsystem-externe Möglichkeiten bestehen) – oder ein (ggf. bestimmter – z. B. nur die Urlaube) Teil der Ausfallzeiten. Diese Alternativen können vor dem Hintergrund einer Wochen-Betrachtung meines Erachtens deutlich transparenter diskutiert werden als bei einer Jahres-Betrachtung.

Zunächst ist der Arbeitszeitbedarf zu ermitteln. Dazu werden einfach die Arbeitszeit-Mengen zusammengezählt, die für die gewünschte Arbeitsplatz-Besetzung eingeplant werden müssen.

> **Beispiel (Fortsetzung):**
> Bei 8 zu besetzenden Arbeitsplätzen und 21 Betriebsschichten (7 Tage à 3 Betriebsschichten) pro Woche à 8,25 h Arbeitszeit (einschließlich vergüteter Pausenzeit) beträgt der Arbeitszeitbedarf [8 × 21 × 8,25 h =] 1386 h/w.

Wäre die Pausenzeit unbezahlt, wären in diesem Beispiel bei seinen 30 min Pausenzeit pro Schicht nur 7,75 h Arbeitszeit pro Schicht anzusetzen, was den Arbeitszeitbedarf und damit letztlich auch den Stellenbedarf um ca. 6 % reduzieren würde. Wären statt 8 Arbeitsplätzen jahresdurchschnittlich voraussichtlich z. B. nur 7,4 und/oder statt 21 nur durchschnittlich 19,6 Betriebsschichten pro Woche zu besetzen, wären eben diese Werte in die Formel einzusetzen.

Wurde der durchschnittliche Besetzungsbedarf zu niedrig bzw. zu hoch eingeschätzt, laufen infolgedessen zunächst einmal „nur" Arbeitszeitguthaben bzw. -schulden in den Arbeitszeitkonten auf. Der Freizeitausgleich von Arbeitszeitguthaben kann dann z. B. durch nachgeschobenes Personal ermöglicht werden, während der Ausgleich von Arbeitszeitschulden eine Reduzierung der Personalkapazität (also weniger Köpfe und/oder durchschnittlich weniger Vertragsarbeitszeit) erfordern kann, die für die Mitarbeiter*innen weniger Freischichten und/oder mehr Zusatzschichten nach sich zieht mit dem Effekt, dass die Arbeitszeitkonto-Salden wieder steigen.

Im Anschluss an die Ermittlung des Arbeitszeitbedarfs ist die Arbeitszeitdauer festzulegen, mit der die im gesuchten Schichtsystem eingesetzten Mitarbeiter*innen grundsätzlich beschäftigt werden sollen. Normalerweise wird hier einfach die jeweilige Vollzeit-Vertragsarbeitszeit (im Folgenden „Regelarbeitszeit") gewählt; es kann aber auch ein höherer Wert sein (wenn z. B. zusätzlich zur Vertragsarbeitszeit Überstunden bezahlt werden sollen und/oder ein Zufluss zu einem Langzeitkonto erzeugt werden soll) oder ein niedrigerer Wert (wenn z. B. in den Arbeitszeitkonten aufgelaufene Guthaben nach und nach abgebaut werden sollen).

> **Beispiel (Fortsetzung):**
> Es soll die Regelarbeitszeit (vorliegend durchschnittlich 38 h/w) zugrunde gelegt werden.

Mit diesen beiden Werten kann dann bereits der hier so genannte „Netto-Personalbedarf" ermittelt werden, bei dem Abwesenheiten der Mitarbeiter*innen nicht berücksichtigt sind. Er entspricht dem tatsächlichen Stellenbedarf dann, wenn die durch Urlaub, Krankheit und sonstige Abwesenheiten der Mitarbeiter*innen vom Arbeitsplatz entstehenden Lücken anderweitig – etwa durch außerhalb des Schichtsystems beschäftigte Springer*innen oder durch Leiharbeitnehmer*innen – gefüllt werden.

> **Beispiel (Fortsetzung):**
> Der Netto-Personalbedarf beträgt [1386 h/w: 38 h/w = 36,47 Stellen (oder Vollzeit-Äquivalente, FTE, etc.).

Nun ist vor dem Hintergrund der jeweiligen Gegebenheiten zu entscheiden, ob Abwesenheiten der Mitarbeiter*innen aus dem Schichtsystem heraus vertreten werden sollen oder müssen und ggf. zu welchem Teil (quantitativ und/oder qualitativ). Müssen Schichtsystem-intern keine Abwesenheiten vertreten werden, ist entsprechend weniger Flexibilität erforderlich – bis zum Extremfall „null Flexibilität", also eines starren Schichtsystems. Dieses ist immer dann die richtige Wahl, wenn a) hinsichtlich Betriebszeit und Besetzungsstärke/n keinerlei Flexibilitätsbedarf besteht, b) der Schichtplan genau auf die Regelarbeitszeit aufgeht und c) keine Teilzeitbeschäftigten integriert werden sollen. Diese kleine Aufstellung verdeutlicht, dass starre Schichtsysteme heutzutage praktisch ausgeschlossen und ggf. fehlerhaft von der Regelarbeitszeit statt vom betrieblichen Bedarf her konstruiert sind.

> **Beispiel (Fortsetzung):**
> Angesichts der langen Anlernzeiten und des Fehlens Schichtsystem-externer Springer*innen müssen in unserem Kraftwerk sämtliche Abwesenheiten Schichtsystem-intern vertreten werden.

Die Quote der zu vertretenden Abwesenheitszeiten wird am einfachsten jahresbezogen auf Basis einer fiktiven 5-Tage-Woche (weil der Schichtplan ja erst in Schritt 3 entwickelt wird) ermittelt; alle dabei üblicherweise auftretenden Faktoren sind nachfolgend mit angeführt.

> **Beispiel (Fortsetzung) mit Rundung der Ergebnisse auf 1 Nachkommastelle:**
>
> | | | | |
> |---|---|---|---|
> | Urlaub | 30 Tage | = | 6,0w |
> | Zusatzurlaub für Schichtarbeit | 6 Tage | = | 1,2w |
> | Freizeitausgleich für Feiertage | - | | |
> | Krankheit | 4% von 52,2w | = | 2,1w |
> | Fort- und Weiterbildung | 3 Tage | = | 0,6w |
> | Sonstiges (z.B. Sonderurlaub, Kind krank, Betriebsratsarbeit) | 5 Tage | = | 1,0w |
> | Insgesamt | | | 10,9w |
> | Zu vertretende Abwesenheitsquote damit [10,9w : 52,2w x 100 =] | 20,9% | | |

Abschließend ist die Schichtsystem-intern zu vertretende Abwesenheitsquote in die obige Formel einzugeben, mit der dann der korrekte (Brutto-)Stellenbedarf ermittelt wird. Ist diese Quote 0 %, entspricht der Brutto- dem Netto-Stellenbedarf.

> **Beispiel (Fortsetzung):**
> Der Stellenbedarf beträgt [36,47: (1−20,9: 100) =] 46,11 Stellen.

5.2 Festlegung der Team-Struktur

Im zweiten Schritt muss nun überlegt werden – und dies ist für das zu entwickelnde flexible Schichtsystem von ausschlaggebender Bedeutung –, auf wie viele Teams und ggf. Teil-Teams die aufgrund des ermittelten

Stellenbedarfs im Schichtsystem zu beschäftigenden Mitarbeiter*innen aufgeteilt werden sollen. Die Team-Struktur ändert den Stellenbedarf nicht; je mehr (Teil-)Teams es aber gibt, desto kleiner ist das einzelne (Teil-)Team und desto schwieriger ist es, hierin den erforderlichen Qualifikationsmix abzubilden.

Da – siehe **Kap. 4** – bei angestrebtem gleichen Schichtsystem für alle einbezogenen Mitarbeiter*innen stets versucht werden sollte, ein n:1-System einzuführen, geht es vorliegend zunächst „nur" um die Festlegung des Wertes von n. Diesbezüglich empfehle ich die Anwendung der folgenden beiden Faustregeln, mit denen ausschließlich eine Minimierung des späteren Flexibilitätsbedarfs des Schichtsystems angestrebt wird:

- Es sollte mindestens so viele Teams geben wie regelmäßige Betriebsschichten pro Tag – in unserem Beispiel also mindestens 3. Allerdings gibt es, wie gleich in **Abschn. 5.3** deutlich werden wird, bei 3 Schichten pro Tag im voll besetzten 7-Tage-Betrieb (wie in unserem Beispiel) keinen gesetzlich zulässigen Schichtplan. Somit werden in unserem Beispiel mindestens 4 Teams benötigt.
- Die Zahl der Mitarbeiter*innen pro Team sollte mindestens der Zahl der gleichzeitig (maximal) zu besetzenden Arbeitsplätze entsprechen. Da in unserem Beispiel stets 8 Arbeitsplätze zu besetzen sind, sollten die Teams hier jeweils mindestens 8 Mitarbeiter*innen umfassen.

Beispiel (Fortsetzung):

Infrage kommen vorliegend 4 Teams à durchschnittlich [46,11: 4 =] 11,53 Stellen (also 11–12 Mitarbeiter*innen bzw. bei z. B. 4 Teilzeitbeschäftigten à durchschnittlich 0,53-Stelle 12 Mitarbeiter*innen, etc.; analog im Folgenden), 5 Teams à durchschnittlich [46,11: 5 =] 9,22 Stellen oder 6 Teams à durchschnittlich 7,69 Stellen.

Bei der konkreten Verteilung der Mitarbeiter*innen auf die Teams muss unbedingt auf eine quantitativ wie qualitativ möglichst gleichmäßige Team-Besetzung geachtet werden, weil die Mitglieder größerer und/ oder qualitativ besser aufgestellter Teams sonst wesentlich bessere Chancen auf die Berücksichtigung ihrer Arbeitszeit- und Freizeitwünsche sowie die Einhaltung ihrer Vertragsarbeitszeit haben als die

Mitglieder kleinerer und/oder qualitativ schlechter aufgestellter Teams. Daher sollte zwecks Erzeugung jedenfalls in etwa gleich großer Teams ggf. stets auch erwogen werden, einige wenige Mitarbeiter*innen zwar innerhalb des flexiblen Schichtsystems, jedoch außerhalb des Schichtplans als Springer*innen einzusetzen – auf Dauer oder in dem Sinne auf Zeit, dass diese Mitarbeiter*innen regelmäßig in den Schichtplan zurückkehren und dann durch aus diesem herausrotierende Mitarbeiter*innen ersetzt werden. Alternativ könnte dem Schichtsystem ggf. aber auch so viel Besetzungsbedarf zusätzlich zugewiesen oder entzogen werden, dass gleich große Teams möglich werden.

> **Beispiel (Fortsetzung):**
>
> Werden ausschließlich Vollzeitbeschäftigte eingesetzt (wovon ich jedoch nachfolgend nicht ausgehe), sollten bei Einsatz von 4 Teams diese aus jeweils 11 Mitarbeiter*innen bestehen und dementsprechend die auf 46,11, dann abgerundet 46 Stellen fehlenden 2 Mitarbeiter*innen als Springer*innen ausschließlich im Rahmen der Wochenplanung (siehe hierzu unten **Abschn. 5.5**) zur Vertretung von Ausfallzeiten und Freischichten eingeplant werden. Bei Einsatz von 5 Teams sollten unter diesen Umständen diese aus jeweils 9 Mitarbeiter*innen bestehen und sollte 1 Mitarbeiter*in als Springer*in eingesetzt werden. Bei Einsatz von 6 Teams schließlich sollten diese aus jeweils 8 Mitarbeiter*innen bestehen, was die Zuweisung zusätzlichen Besetzungsbedarfs in Höhe von [6 × 8–46,11 =] 1,89 Stellen erfordert. Dies entspricht immerhin ca. [1,89 × 38 h/w × 0,791 : 8,25 h =] durchschnittlich knapp 7 zusätzlich zu besetzenden Schichten pro Woche à 8,25 h Arbeitszeit, bei denen es sich zum Beispiel um Tagschichten für Sonderaufgaben handeln könnte.

5.3 Entwicklung passender Schichtpläne

Nun müssen für jede der infrage kommenden Team-Strukturen passende Schichtpläne entwickelt werden. Dabei gibt es diese beiden Optionen:

- „kalendarische" Schichtpläne, deren Zyklus n Wochen (oder ein Vielfaches hiervon) dauert mit n = Zahl der Teams, und
- „arithmetische" Schichtpläne, deren Zyklus n Tage (oder ein Vielfaches hiervon) dauert mit n wie eben.

Unabhängig hiervon müssen bei der Schichtplan-Gestaltung die gesetzlichen und ggf. tarifvertraglichen Rahmenbedingungen beachtet und die gesicherten arbeitswissenschaftlichen Erkenntnisse berücksichtigt werden, weshalb hiermit (in **Abschn. 5.3.1**) begonnen wird. Anschließend geht es dann zunächst um kalendarische (in **Abschn. 5.3.2**) und anschließend (in **Abschn. 5.3.3**) um arithmetische Schichtpläne für die in unserem Beispiel 4, 5 oder 6 Teams.

5.3.1 Die für die Gestaltung von Schichtplänen wichtigsten gesetzlichen Bestimmungen und arbeitswissenschaftlichen Empfehlungen

Bei der Gestaltung von Schichtplänen sind zum einen das grundsätzliche Verbot der Sonn- und Feiertagsarbeit und zum anderen die gesetzlichen Mindestruhezeiten zu beachten. Darüber hinaus ist „die Arbeitszeit der Nacht- und Schichtarbeitnehmer nach den gesicherten arbeitswissenschaftlichen Erkenntnissen über die menschengerechte Gestaltung der Arbeit festzulegen" (§ 6 (1) ArbZG).

Hier zunächst die wichtigsten gesetzlichen Vorschriften:

- Die gesetzliche Mindestruhezeit zwischen Arbeitstagen beträgt 11 h bzw. in den in § 5 (2) ArbZG angeführten Bereichen 10 h. Aus diesem Grund sind bei 3 Schichten üblicher Dauer pro Tag die sogenannten „kurzen Wechsel" aus der Nacht- in die Spät- und aus der Spät- in die Frühschicht höchstens mit behördlicher Genehmigung nach § 15 (1) 4. ArbZG zulässig, für die jedoch bei den heutigen Regelarbeitszeitdauern von maximal ca. 40 h/w kein Grund erkennbar ist.
- An Sonn- und Feiertagen (jeweils von 00:00–24:00) darf grundsätzlich nur in den gesetzlich geregelten Ausnahmefällen (siehe hierzu im Einzelnen § 10 ArbZG) oder mit behördlicher Genehmigung gearbeitet werden. Dabei wird der teilkontinuierliche Schichtbetrieb dadurch erleichtert, dass diese 24 h-Zeiträume hierin zwischen Vortag 18:00 und Folgetag 06:00 verschoben werden dürfen – was z. B. einen Beginn der Betriebswoche am Sonntag um 22:00 ohne Weiteres dann zulässt, wenn im Gegenzug am Samstag längstens bis 22:00 gearbeitet wird.

- Für jede*n Arbeitnehmer*in müssen grundsätzlich mindestens 15 Sonntage pro Jahr beschäftigungsfrei sein (§ 11 (1) ArbZG); Urlaubs- und Krankheits-Sonntage zählen hierbei mit. Darüber hinaus muss für jeden Beschäftigungs-Sonntag ein Ersatzruhetag im Zeitraum ±2 Wochen gewährt werden. Bei diesem kann es sich aber auch um einen schichtplanmäßig freien Tag handeln, sodass sich diese Vorschrift nur bei (zeitweise) vielen Arbeitstagen pro Woche auswirkt.
- Entgegen einer vielfach geäußerten Auffassung enthält das Arbeitszeitgesetz keine generelle wöchentliche Höchstarbeitszeit (meist werden diesbezüglich 60 h genannt); diese 60 h/w-Grenze gibt es hierin vielmehr nur für die Beschäftigung im Straßentransport – siehe § 21a (4) ArbZG.
- Für die Gestaltung von Schichtplänen dagegen wichtig ist die gesetzliche Höchstarbeitszeit von 48 h/w im Durchschnitt von 6 Kalendermonaten oder 24 Wochen (§ 3 ArbZG) – insbesondere deshalb, weil diese Ausgleichszeiträume für Nachtarbeitnehmer*innen auf 1 Kalendermonat oder 4 Wochen verkürzt sind (§ 6 (2) ArbZG). Diese Fristen können zwar per Tarifvertrag verlängert werden, was aber nur ganz ausnahmsweise einmal geschieht. Diese gesetzlichen Ausgleichszeiträume dürfen nämlich nicht mit tarifvertraglichen Ausgleichszeiträumen verwechselt werden, bei denen es in aller Regel „nur" um die Einhaltung der Regelarbeitszeit geht; hiermit beschäftige ich mich in **Abschn. 5.4** zu den flexible Schichtsysteme notwendig begleitenden Arbeitszeitkonten. Nachtarbeitnehmer*innen im Sinne des ArbZG sind Arbeitnehmer*innen, die entweder normalerweise Nachtarbeit in Wechselschicht zu leisten haben oder Nachtarbeit an mindestens 48 Tagen im Kalenderjahr leisten. Als Nachtarbeit gilt dabei jede Arbeit von mehr als 2 h Dauer zwischen 23:00 und 06:00.

Was abschließend die „gesicherten arbeitswissenschaftlichen Erkenntnissen über die menschengerechte Gestaltung der Arbeit" angeht, so möchte ich an dieser Stelle zunächst auf die meines Erachtens immer noch beste diesbezügliche Zusammenstellung verweisen [1]. Diese stammt allerdings aus der Zeit vor der Diskussion darüber, ob nicht unterschiedliche Chronotypen („Lerche", „Eule") unterschiedliche Verträglichkeiten insbesondere hinsichtlich Nacht- und Frühschicht aufweisen ([3], S. 156). Auch wenn ich – auch aus diesem Grund – grundsätzlich die Auffassung teile, dass "faktisch gar keine gesicherten arbeitswissenschaftlichen Erkenntnisse vorliegen" ([5], S. 85], haben sich in meiner Beratungspraxis doch die folgenden gängigen arbeitswissenschaftlichen Empfehlungen für 3-Schichtsysteme (also mit Arbeitszeitdauern pro Schicht um 8 h) bewährt:

- Beginn der Frühschicht nicht vor 06:00;
- nicht mehr als 7 Arbeitstage in Folge (möglichst weniger);
- nicht mehr als 4 Nachtschichten in Folge (möglichst weniger);
- ausreichend Regenerationszeit im Anschluss an Nachtschicht-Blöcke – grundsätzlich aber mindestens (!) ca. 48 h;
- regelmäßig freie Wochenenden mit Samstag *und* Sonntag frei – also spätestens ab Ende der Freitag-Spätschicht und deshalb mindestens bis Ende der Sonntag-Spätschicht, weil im teilkontinuierlichen Schichtbetrieb viele Mitarbeiter*innen die Sonntag-Nachtschicht lieber leisten als die Freitag-Nachtschicht;
- überschaubare Schichtpläne – also solche mit kurzen Zyklusdauern.

Bei vollständig auf 12 h-Schichten basierenden Schichtsystemen sollten es dagegen maximal 4 Arbeitstage und maximal 3 Nachtschichten in Folge sein (jeweils möglichst weniger). Alle anderen Empfehlungen bleiben gleich.

5.3.2 Entwicklung kalendarischer Schichtpläne

Kalendarische Schichtpläne können Sie einfach wie folgt entwickeln:

- Zunächst werden die zu besetzenden Betriebsschichten in n Zeilen (mit n = Zahl der Teams bzw. bei MBS Typ 1 der Teil-Teams) unter die 7 Wochentage geschrieben und Leerstellen durch – (freier Tag) gefüllt. Dabei muss an den einzelnen Wochentagen jede

Betriebsschicht so oft vorkommen, wie sie innerhalb von n Wochen von den (Teil-)Teams besetzt werden soll. Bei den 4 Teams in unserem Beispiel, von denen pro Betriebsschicht immer eines einzuplanen ist, sieht dies aus wie in nachfolgender Abbildung.

```
Mo Di Mi Do Fr Sa So
F  F  F  F  F  F  F
S  S  S  S  S  S  S
N  N  N  N  N  N  N
-  -  -  -  -  -  -
```

- Hieraus wird dadurch ein Schichtplan, dass diese Schichten und freien Tage unter Beachtung der gesetzlichen und ggf. tarifvertraglicher Bestimmungen sowie unter Berücksichtigung der arbeitswissenschaftlichen Empfehlungen (siehe **Abschn. 5.3.1**) in eine sinnvolle Reihenfolge gebracht werden – was im Übrigen sehr gut zusammen mit den betroffenen Mitarbeiter*innen geschehen kann. Dabei werden im hier behandelten einfachsten Fall aus den vier obigen Zeilen die 4 Schichtplan-Wochen, in denen sich dann immer jeweils eines der Teams gerade befindet.
- Hinsichtlich der Verteilung der Arbeitstage und freien Tage empfehle ich, mit dem (im vorliegenden Fall einen) freien Wochenende zu beginnen und anschließend zunächst die übrigen freien Tage zu verteilen.

Nachfolgende Abbildung zeigt einen solchen Schichtplan für 4 Teams. Er weist maximal 4 Nachtschichten in Folge auf, ausreichend Regenerationsfreizeit nach den letzten Nachtschichten (im Anschluss an den 4-Nächte-Block 79,75 h und im Anschluss an den 3-Nächte-Block 47,75 h) sowie günstig liegende Wochenend-Freizeit von FR 14:15 – MO 14:00 (71,75 h). Da die Mitarbeiter*innen in diesem Schichtplan deutlich über ihre Vertragsarbeitszeit hinaus arbeiten – sie erreichen hierin durchschnittlich [21 × 8,25 h: 4 w =] ca. 43,3 h/w Arbeitszeit –, kommt für sie außerdem noch eine große Anzahl individueller Freischichten hinzu; siehe hierzu unten die Schritte 4 und 5 (**Abschn. 5.4 und 5.5**). Der Besetzungsplan zeigt, dass und wie alle Betriebsschichten umschichtig durch die 4 Teams besetzt werden.

	Mo	Di	Mi	Do	Fr	Sa	So
Woche 1	S	S	S	N	N	N	N
Woche 2	-	-	-	S	S	S	S
Woche 3	N	N	N	-	-	F	F
Woche 4	F	F	F	F	F	-	-

	Woche 1							Woche 2							Woche 3							Woche 4						
	Mo	Di	Mi	Do	Fr	Sa	So	Mo	Di	Mi	Do	Fr	Sa	So	Mo	Di	Mi	Do	Fr	Sa	So	Mo	Di	Mi	Do	Fr	Sa	So
Frühschicht	2	2	2	2	2	3	3	3	3	3	3	3	4	4	4	4	4	4	4	1	1	1	1	1	1	1	2	2
Spätschicht	1	1	1	4	4	4	4	2	2	2	1	1	1	1	3	3	3	2	2	2	2	4	4	4	3	3	3	3
Nachtschicht	3	3	3	1	1	1	1	4	4	4	2	2	2	2	1	1	1	1	3	3	3	3	2	2	2	4	4	4

Weitere bewährte 4:1-Schichtpläne finden Sie in **Abschn. 6.7**. Alternativen hierzu können Sie aber auch selbst einfach dadurch erzeugen, dass Sie an den einzelnen Wochentagen die Schichten und die freie Tage anders anordnen (solche Verschiebungen sind also nur innerhalb der einzelnen Spalten zulässig (!)). Letzteres gilt auch für alle anderen in diesem Buch vorgestellten Schichtpläne.

Nun zur Entwicklung eines kalendarischen Schichtplans für 5 Teams. Auch hier werden zunächst die zu besetzenden Schichten in – dieses Mal – 5 Zeilen unter die 7 Wochentage geschrieben und die verbliebenen Leerstellen durch freie Tage gefüllt – siehe nachfolgende Abbildung.

Mo	Di	Mi	Do	Fr	Sa	So
F	F	F	F	F	F	F
S	S	S	S	S	S	S
N	N	N	N	N	N	N
-	-	-	-	-	-	-
-	-	-	-	-	-	-

Aus diesen 5 Zeilen werden dann wieder die 5 Schichtplan-Wochen, in denen sich immer jeweils eines der 5 Teams befindet. Die nachfolgende Abbildung zeigt ein Schichtplan-Beispiel (weitere Beispiele finden Sie in **Abschn. 6.9**).

	Mo	Di	Mi	Do	Fr	Sa	So
Woche 1	F	F	F	-	-	-	-
Woche 2	-	S	S	S	N	N	N
Woche 3	N	-	-	F	F	F	F
Woche 4	-	-	-	-	S	S	S
Woche 5	S	N	N	N	-	-	-

	Woche 1							Woche 2							Woche 3						
	Mo	Di	Mi	Do	Fr	Sa	So	Mo	Di	Mi	Do	Fr	Sa	So	Mo	Di	Mi	Do	Fr	Sa	So
Frühschicht	1	1	1	4	4	4	4	2	2	2	5	5	5	5	3	3	3	1	1	1	1
Spätschicht	2	5	5	5	3	3	3	1	1	1	4	4	4	4	2	2	2	5	5	5	5
Nachtschicht	4	2	2	2	5	5	5	5	3	3	3	1	1	1	1	4	4	4	2	2	2

	Woche 4							Woche 5						
	Mo	Di	Mi	Do	Fr	Sa	So	Mo	Di	Mi	Do	Fr	Sa	So
Frühschicht	4	4	4	2	2	2	2	5	5	5	3	3	3	3
Spätschicht	5	3	3	3	1	1	1	1	4	4	4	2	2	2
Nachtschicht	2	5	5	5	3	3	3	1	1	1	4	4	4	4

Dabei zeigt sich jedoch, dass in diesem Schichtplan die Regelarbeitszeit deutlich unterschritten wird: Zu den in unserem Beispiel in 5 Wochen zu leistenden [5 w × 38 h/w =] 190 h Arbeitszeit fehlen [190 h − 21 × 8,25 h =] 16,75 h, also pro 5-Wochen-Zyklus durchschnittlich etwa 2 Schichten. Diese müssen – weil es in unserem Beispiel ja keine weiteren Besetzungsbedarfe gibt – an schichtplanmäßig freien Tagen zur Vertretung abwesender Kolleg*innen in den anderen Teams geleistet werden. Letzteres ergibt sich im Übrigen aber auch schon daraus, dass bei 9,22 Stellen pro Team und durchschnittlich 20,9 % Ausfallzeit durchschnittlich [9,22 × 0,791 =] 7,29 Stellen pro Betriebsschicht zur Verfügung stehen, was für die 8 zu besetzenden Arbeitsplätze allein nur in einem Teil dieser Schichten ausreicht.

Da diese Vertretungsbedarfe in allen Betriebsschichten auftreten können, empfiehlt es sich – auch zwecks besserer Planbarkeit für die Mitarbeiter*innen –, im Schichtplan jeden Wochentag einmal als potenziellen Vertretungstag zu kennzeichnen und einmal als definitiv frei. Dies geschieht in nachfolgender Abbildung so, dass die potenziellen Vertretungstage als D = Disposchicht ausgewiesen werden.

	Mo	Di	Mi	Do	Fr	Sa	So
Woche 1	F	F	F	D	D	D	D
Woche 2	-	S	S	S	N	N	N
Woche 3	N	-	-	F	F	F	F
Woche 4	D	D	D	-	S	S	S
Woche 5	S	N	N	N	-	-	-

	Woche 1							Woche 2							Woche 3						
	Mo	Di	Mi	Do	Fr	Sa	So	Mo	Di	Mi	Do	Fr	Sa	So	Mo	Di	Mi	Do	Fr	Sa	So
Frühschicht	1	1	1	4	4	4	4	2	2	2	5	5	5	5	3	3	3	1	1	1	1
Spätschicht	2	5	5	5	3	3	3	3	1	1	1	4	4	4	4	2	2	2	5	5	5
Nachtschicht	4	2	2	2	5	5	5	5	3	3	3	1	1	1	1	4	4	4	2	2	2
Disposchicht	3	3	3	1	1	1	1	4	4	4	2	2	2	2	5	5	5	3	3	3	3

	Woche 4							Woche 5						
	Mo	Di	Mi	Do	Fr	Sa	So	Mo	Di	Mi	Do	Fr	Sa	So
Frühschicht	4	4	4	2	2	2	2	5	5	5	3	3	3	3
Spätschicht	5	3	3	3	1	1	1	1	4	4	4	2	2	2
Nachtschicht	2	5	5	5	3	3	3	3	1	1	1	4	4	4
Disposchicht	1	1	1	4	4	4	4	2	2	2	5	5	5	5

Die Bezeichnung Disposchicht ist im Übrigen auch dann korrekt, wenn – wie in unserem Beispiel – nur ein kleiner Teil dieser Schichten tatsächlich geleistet werden muss: weil dies sowie ggf. die tatsächliche Schichtlage grundsätzlich erst relativ kurzfristig im Rahmen der Wochenplanung o.ä. (siehe hierzu **Abschn. 5.5**) endgültig festgelegt wird.

In diesem Schichtplan ist selbst im – sehr unwahrscheinlichen – „worst case" einer zeitweisen Nutzung sämtlicher Disposchichten sichergestellt, dass nicht mehr als 7 Arbeitstage und 4 Nachtschichten in Folge zu leisten sind und es nur dann, wenn in der Mittwoch- oder in der Sonntag-Nachtschicht vertreten werden muss und am folgenden planmäßigen Arbeitstag keine Freischicht gewährt werden kann, zu weniger als ca. 48 h Ruhezeit nach der letzten Nachtschicht kommt.

Nun zur Entwicklung eines kalendarischen Schichtplans für 6 Teams. Auch hier werden zunächst die zu besetzenden Schichten in – dieses Mal – 6 Zeilen unter die 7 Wochentage geschrieben und verbliebene Leerstellen durch freie Tage gefüllt – siehe nachfolgende Abbildung.

```
Mo Di Mi Do Fr Sa So
F  F  F  F  F  F  F
S  S  S  S  S  S  S
N  N  N  N  N  N  N
-  -  -  -  -  -  -
-  -  -  -  -  -  -
-  -  -  -  -  -  -
```

Allerdings ist bereits an dieser Stelle wieder erkennbar, dass es neben den Früh-, Spät- und Nachtschichten weitere (Dispo-)Schichten geben muss, weil allein mit den erstgenannten Schichten im 6-Wochen-Zyklus nur durchschnittlich [21 × 8,25 h : 6 w =] 28,875 h/w Arbeitszeit erreicht wird, sodass pro 6-Wochen-Zyklus [6 w × 38 h/w – 21 × 8,25 h =] 54,75 h fehlen – also fast 7 Schichten. Daraus ergibt sich außerdem, dass vorliegend – anders als im Schichtplan für 5 Teams – 1 Disposchicht pro Tag (also 7 solche Schichten pro 6-Wochen-Zyklus) nicht ausreicht, weil dies bei hier knapp 7 tatsächlich zu leistenden Disposchichten eine fast völlig gleichmäßige Verteilung der Abwesenheiten der Mitarbeiter*innen voraussetzen würde, die jedoch schon angesichts der in aller Regel auf bestimmte Zeiten konzentrierten Urlaubswünsche völlig unrealistisch ist.

Daher müssen im 6-Wochen-Plan vorliegend 2 Disposchichten pro Wochentag zur Verfügung stehen. Diese können und sollten jedoch so vorsortiert werden, dass jeweils eine eine hohe und eine eine geringe Inanspruchnahme-Wahrscheinlichkeit hat; die erstere – nachfolgend D1 – wird bei Vertretungsbedarf folglich grundsätzlich zuerst aktiviert. Die nachfolgende Abbildung zeigt ein passendes Schichtplan-Beispiel nebst Besetzungsplan.

```
         Mo Di Mi Do Fr Sa So
Woche 1: F  F  S  S  N  N  N
Woche 2: -  D2 D1 D1 D1 D1 D1
Woche 3: D2 -  F  F  S  S  S
Woche 4: N  N  -  D2 D2 D2 D2
Woche 5: D1 D1 D2 -  F  F  F
Woche 6: S  S  N  N  -  -  -
```

	Woche 1							Woche 2							Woche 3						
	Mo	Di	Mi	Do	Fr	Sa	So	Mo	Di	Mi	Do	Fr	Sa	So	Mo	Di	Mi	Do	Fr	Sa	So
Frühschicht	1	1	5	5	3	3	3	2	2	6	6	4	4	4	3	3	1	1	5	5	5
Spätschicht	2	2	1	1	5	5	5	3	3	2	2	6	6	6	4	4	3	3	1	1	1
Nachtschicht	4	4	2	2	1	1	1	5	5	3	3	2	2	2	6	6	4	4	3	3	3
Disposchicht 1	3	3	6	6	6	6	6	4	4	1	1	1	1	1	5	5	2	2	2	2	2
Disposchicht 2	5	6	3	4	4	4	4	6	1	4	5	5	5	5	1	2	5	6	6	6	6

	Woche 4							Woche 5							Woche 6						
	Mo	Di	Mi	Do	Fr	Sa	So	Mo	Di	Mi	Do	Fr	Sa	So	Mo	Di	Mi	Do	Fr	Sa	So
Frühschicht	4	4	2	2	6	6	6	5	5	3	3	1	1	1	6	6	4	4	2	2	2
Spätschicht	5	5	4	4	2	2	2	6	6	5	5	3	3	3	1	1	6	6	4	4	4
Nachtschicht	1	1	5	5	4	4	4	2	2	6	6	5	5	5	3	3	1	1	6	6	6
Disposchicht 1	6	6	3	3	3	3	3	1	1	4	4	4	4	4	2	2	5	5	5	5	5
Disposchicht 2	2	3	6	1	1	1	1	3	4	1	2	2	2	2	4	5	2	3	3	3	3

Auch in diesem Schichtplan ist selbst im – sehr unwahrscheinlichen – „worst case" einer zeitweisen Nutzung aller Disposchichten sichergestellt, dass nicht mehr als 7 Tage in Folge gearbeitet wird. Zugleich zeigt sich aber, dass hierin die Planungsunsicherheit für die Mitarbeiter*innen extrem hoch ist, weil von den insgesamt 35 planmäßigen Schichten pro 6-Wochen-Zyklus 14 (also 40 %) grundsätzlich erst relativ kurzfristig in ihrer Lage fixiert oder zu Freischichten werden. Dieser hohe Wert kann allerdings dadurch deutlich reduziert werden, dass Urlaubs-Vertretungen bereits unmittelbar nach Erstellung des Urlaubsplans festgelegt werden.

Daher sollte ein solches Schichtsystem nur dann eingeführt werden, wenn es keine andere Möglichkeit gibt. Dies kann insbesondere bei sehr kleinen Besetzungen vorkommen, was aber für unser illustrierendes Beispiel nicht zutrifft.

Abschließend noch der folgende, sehr wichtige Hinweis: Bei wechselnden Betriebszeiten und/oder Besetzungsstärken – wie sie in unserem Kraftwerk-Beispiel nicht gegeben sind – muss bei der Schichtplan-Entwicklung zusätzlich darauf geachtet werden, dass hiermit auch die dem flexiblen Schichtsystem zugewiesenen (also unter Berücksichtigung in solchen Situationen zusätzlich mobilisierbarer Schichtsystem-externer Ressourcen) jeweiligen Maxima abgedeckt werden können. Dies gilt ebenso für arithmetische Schichtpläne.

5.3.3 Entwicklung arithmetischer Schichtpläne

Nun zur analogen Entwicklung arithmetischer Schichtpläne, deren Zyklus n Tage (oder ein Vielfaches hiervon) dauert mit n = Zahl der Teams bzw. (bei MBS Typ 1) Teil-Teams; in unserem Beispiel-Fall sind dies dementsprechend 4, 5 bzw. 6 Tage oder ein Vielfaches hiervon. In diesem Zyklus müssen die pro Tag (maximal) zu besetzenden Schichten (bzw. ggf. ein Vielfaches hiervon) enthalten sein.

Damit ist in unserem Beispiel der einzige gesetzlich zulässige 4-Tage-Zyklus dieser (weil in allen anderen die gesetzliche Mindestruhezeit mindestens einmal unterschritten wird):

F S N -

In diesem Schichtplan – den ich tatsächlich schon einmal in der betrieblichen Praxis vorgefunden habe – sind Arbeitszeit und Freizeit extrem gleichmäßig verteilt, weil (unser Beispiel zugrunde gelegt) auf 8,25 h Arbeitszeit immer 23,75 h Freizeit folgt. Allerdings weist er die für die Regeneration sehr ungünstige Schichtenfolge N – F auf (und dies auch noch alle 4 Tage) und ist zudem so wochenendunfreundlich, dass er eigentlich kaum infrage kommen kann.

Bei einer Verdopplung der Zyklusdauer (und damit auch der hierin enthaltenen Zahl der einzelnen Schichten) sieht dieser Schichtplan schon etwas besser aus:

F F S S N N – -

Achtung: Wegen der Verdopplung der Zyklusdauer muss – was in diesem Schichtplan so auch gegeben ist – an den Tagen 1, 3, 5 und 7 dasselbe Besetzungsprofil gegeben sein wie an den Tagen 2, 4, 6 und 8. Wird die Zyklusdauer verdreifacht (etc.), gilt dies entsprechend.

Wird dieser Zyklus nun 7mal durchlaufen, wird hieraus (und dies gilt für alle arithmetischen Schichtpläne, deren Dauer nicht durch 7 teilbar ist) ein mit einem kalendarischen Schichtplan vergleichbarer Schichtplan mit einer Zyklusdauer von im vorliegenden Fall [8 Tage × 7: 7 Tage/w =] 8 Wochen (siehe nachfolgende Abbildung), in dem die Mitarbeiter*innen in unserem Beispiel Anspruch auf dieselbe Zahl individueller Freischichten haben wie im obigen kalendarischen 4:1-Schichtplan.

```
         Mo Di Mi Do Fr Sa So
Woche 1  F  F  S  S  N  N  -
Woche 2  -  F  F  S  S  N  N
Woche 3  -  -  F  F  S  S  N
Woche 4  N  -  -  F  F  S  S
Woche 5  N  N  -  -  F  F  S
Woche 6  S  N  N  -  -  F  F
Woche 7  S  S  N  N  -  -  F
Woche 8  F  S  S  N  N  -  -
```

	Woche 1							Woche 2							Woche 3							Woche 4						
	Mo	Di	Mi	Do	Fr	Sa	So	Mo	Di	Mi	Do	Fr	Sa	So	Mo	Di	Mi	Do	Fr	Sa	So	Mo	Di	Mi	Do	Fr	Sa	So
Frühschicht	1	1	4	4	3	3	2	2	1	1	4	4	3	3	2	2	1	1	4	4	3	3	2	2	1	1	4	4
Spätschicht	2	2	1	1	4	4	3	3	2	2	1	1	4	4	3	3	2	2	1	1	4	4	3	3	2	2	1	1
Nachtschicht	3	3	2	2	1	1	4	4	3	3	2	2	1	1	4	4	3	3	2	2	1	1	4	4	3	3	2	2
																					F							

	Woche 5							Woche 6							Woche 7							Woche 8						
	Mo	Di	Mi	Do	Fr	Sa	So	Mo	Di	Mi	Do	Fr	Sa	So	Mo	Di	Mi	Do	Fr	Sa	So	Mo	Di	Mi	Do	Fr	Sa	So
Frühschicht	3	3	2	2	1	1	4	4	3	3	2	2	1	1	4	4	3	3	2	2	1	1	4	4	3	3	2	2
Spätschicht	4	4	3	3	2	2	1	1	4	4	3	3	2	2	1	1	4	4	3	3	2	2	1	1	4	4	3	3
Nachtschicht	1	1	4	4	3	3	2	2	1	1	4	4	3	3	2	2	1	1	4	4	3	3	2	2	1	1	4	4

Der Besetzungsplan zeigt, dass die 4 Teams in diesen Schichtplan 2wochenweise versetzt einsteigen: Team 1 wie in diesem Buch immer in Woche 1, Team 2 in Woche 3, Team 3 in Woche 5 und Team 4 in Woche 7.

Im Vergleich zu kalendarischen 4:1-Schichtplänen wie dem in **Abschn. 5.3.2** vorgestellten zeigt dieser Schichtplan diese beiden für arithmetische Schichtpläne typischen Eigenschaften:

- absolut regelmäßige Schichtenfolge bei relativ unübersichtlichem Schichtplan – statt unregelmäßigere Schichtenfolge bei relativ übersichtlichem Schichtplan
- deutlich weniger komplett freie Wochenenden (vorliegend keines in 8 Wochen, weil in Schichtplan-Woche 8 vor dem freien Samstag und Sonntag die Freitag-Nachtschicht zu leisten ist) gegenüber in diesem Zeitraum 2 solcher Wochenenden (im obigen 4:1-Schichtplan-Beispiel jeweils von Freitag- bis Montagmittag – ca. 72 h).

Legt man also, wie ich dies unbedingt empfehle, auf relativ übersichtliche Schichtpläne mit möglichst vielen komplett freien Wochenenden Wert, können arithmetische Schichtpläne nur ausnahmsweise einmal infrage kommen.

Für 5 Teams gibt es einen in Deutschland recht verbreiteten arithmetischen Schichtplan mit dieser arbeitswissenschaftlich sehr günstigen 10-Tage-Folge:

F F S S N N – – – –

Hieraus wird bei 7maligem Durchlauf der in nachfolgender Abbildung gezeigte 10-Wochen-Schichtplan, in die die 5 Teams, wie der Besetzungsplan zeigt, wieder 2wochenweise versetzt einsteigen.

	Mo	Di	Mi	Do	Fr	Sa	So
Woche 1	F	F	S	S	N	N	-
Woche 2	-	-	-	F	F	S	S
Woche 3	N	N	-	-	-	-	F
Woche 4	F	S	S	N	N	-	-
Woche 5	-	-	F	F	S	S	N
Woche 6	N	-	-	-	-	F	F
Woche 7	S	S	N	N	-	-	-
Woche 8	-	F	F	S	S	N	N
Woche 9	-	-	-	-	F	F	S
Woche 10	S	N	N	-	-	-	-

	Woche 1							Woche 2							Woche 3							Woche 4						
	Mo	Di	Mi	Do	Fr	Sa	So	Mo	Di	Mi	Do	Fr	Sa	So	Mo	Di	Mi	Do	Fr	Sa	So	Mo	Di	Mi	Do	Fr	Sa	So
Frühschicht	1	1	4	4	2	2	5	5	3	3	1	1	4	4	2	2	5	5	3	3	1	1	4	4	2	2	5	5
Spätschicht	3	3	1	1	4	4	2	2	5	5	3	3	1	1	4	4	2	2	5	5	3	3	1	1	4	4	2	2
Nachtschicht	5	5	3	3	1	1	4	4	2	2	5	5	3	3	1	1	4	4	2	2	5	5	3	3	1	1	4	4

	Woche 5							Woche 6							Woche 7							Woche 8						
	Mo	Di	Mi	Do	Fr	Sa	So	Mo	Di	Mi	Do	Fr	Sa	So	Mo	Di	Mi	Do	Fr	Sa	So	Mo	Di	Mi	Do	Fr	Sa	So
Frühschicht	3	3	1	1	4	4	2	2	5	5	3	3	1	1	4	4	2	2	5	5	3	3	1	1	4	4	2	2
Spätschicht	5	5	3	3	1	1	4	4	2	2	5	5	3	3	1	1	4	4	2	2	5	5	3	3	1	1	4	4
Nachtschicht	2	2	5	5	3	3	1	1	4	4	2	2	5	5	3	3	1	1	4	4	2	2	5	5	3	3	1	1

	Woche 9							Woche 10						
	Mo	Di	Mi	Do	Fr	Sa	So	Mo	Di	Mi	Do	Fr	Sa	So
Frühschicht	5	5	3	3	1	1	4	4	2	2	5	5	3	3
Spätschicht	2	2	5	5	3	3	1	1	4	4	2	2	5	5
Nachtschicht	4	4	2	2	5	5	3	3	1	1	4	4	2	2

In unserem Fall-Beispiel muss jedoch zwingend teamübergreifend in allen Schichten vertreten werden können (zur Begründung siehe **Abschn. 5.3.2**). Und dafür reichen die Tage vor und nach den 6-Tage-Arbeits-Blöcken nicht aus, weil an diesen bei unveränderten Schichtzeiten ohne Verletzung der gesetzlichen Mindestruhezeit nur in der Früh- bzw. in der Nachtschicht vertreten werden kann – und das auch nur an jedem 2. Tag, wie der Besetzungsplan sehr schön erkennen lässt. Betrachten wir hierin zum Beispiel einmal die Tage Mittwoch und Donnerstag in Woche 1: Der Mittwoch ist hier der Tag nach dem Arbeits-Block von Team 5, sodass hier aus diesem Team heraus nur in Nachtschicht vertreten werden darf, während der Donnerstag der Tag vor dem Arbeits-Block von Team 2 ist, sodass hier aus diesem Team heraus nur in Frühschicht vertreten werden darf. In den anderen 4 Betriebsschichten an diesen beiden Tagen – und damit in 2/3 aller Betriebsschichten – muss daher bei Bedarf durch Arbeit am 2. und 3. Tag des schichtplanmäßigen 4-Tage-Freizeit-Blocks vertreten werden, was diesen Schichtplan, wenn dies nicht nur ganz ausnahmsweise einmal vorkommt, erheblich entwertet.

Dieser an sich sehr gute Schichtplan kann daher grundsätzlich nur dann infrage kommen, wenn es höchstens einige wenige Zusatzschichten gibt, wie dies bei kurzen Vertragsarbeitszeiten und/oder hohen Arbeitszeitdauern pro Schicht der Fall sein kann. Beträgt die Vertragsarbeitszeit z. B. 35 h/w und fallen 8 h 20 min Arbeitszeit pro Schicht an (wie dies bei bezahlter Pausenzeit und Übergabe- und weiteren Rüstzeiten durchaus vorkommen kann), wird im obigen 10-Wochen-Schichtplan genau die Vertragsarbeitszeit erreicht. Auch dies schließt jedoch nicht aus, dass es, wenn Ausfallzeiten Schichtsystem-intern vertreten werden müssen, bei deren Ballung zu Zusatzschichten kommt, die dann überwiegend wieder wie beschrieben ungünstig liegen.

Da sich für einen unter den Beispiel-Umständen noch mehr Flexibilität erfordernden (wie in **Abschn. 5.3.2** gezeigt) arithmetischen 6:1-Schichtplan diese Problematik noch deutlich verstärkt stellt, verzichte ich auf die Vorstellung eines solchen Schichtplans.

5.4 Kopplung von Schichtplan und Arbeitszeitkonto – und was bei hochlaufenden Arbeitszeitkonto-Salden zu tun ist

Flexible Schichtpläne müssen von Arbeitszeitkonten – und damit auch von einem verstetigten Entgelt (z. B. Monatslohn) – begleitet werden (siehe hierzu ausführlich [7], S. 95–134), was zunächst einmal die Kopplung von Schichtplan und Arbeitszeitkonto erfordert. Diese sollte auch sehr präzise erfolgen, weil pauschale Regelungen stets Folgeprobleme nach sich ziehen. Wird beispielsweise für ein bestimmtes Schichtsystem „über den Daumen" festgelegt, dass die Mitarbeiter*innen hierhin 8 Freischichten pro Jahr erhalten: Wie sind dann Krankheitsfehlzeiten zu berücksichtigen, und was gilt bei abweichenden Vertragsarbeitszeitdauern?

Die Kopplung zwischen Schichtplan und Arbeitszeitkonto erfolgt dadurch, dass den einzelnen Schichten so viel (anteilige) Vertragsarbeitszeit zugewiesen wird, dass die Wochen-Vertragsarbeitszeit im Durchschnitt des Schichtzyklus' genau erreicht wird. Rechtliche Vorschriften hierzu gibt es in aller Regel nicht, sodass zum einen auf eine für die Mitarbeiter*innen gut nachvollziehbare Regelung Wert gelegt werden sollte und zum anderen darauf, dass durch die Verteilung der Vertragsarbeitszeit keine Arbeitszeitkonto-Bewegungen erzeugt werden, die unerwünschte Anreiz-Wirkungen entfalten; Beispiele hierfür folgen.

Die jeweilige anteilige Vertragsarbeitszeit entspricht im Arbeitszeitkonto der Nulllinie. Würden die Mitarbeiter*innen in ihren planmäßigen Schichten also stets genau die darauf entfallende Vertragsarbeitszeit leisten, gäbe es an diesen Tagen keine Arbeitszeitkonto-Bewegung, sodass – wenn das Schichtsystem keinerlei Flexibilisierungsoptionen bietet – kein Arbeitszeitkonto erforderlich ist.

Der für die Kopplung von Schichtplan und Arbeitszeitkonto einfachste Fall liegt dann vor, wenn die Arbeitszeitdauer in allen Schichten gleich ist und es keine Disposchichten gibt – wie in unseren 4:1-Schichtplan-Beispielen, weshalb dieses (in Form des kalendarischen Plans) nun als erstes behandelt wird. – Alle nun folgenden Berechnungen basieren auf der in unserem Beispiel gegebenen Regelarbeitszeit von durchschnittlich 38 h/w; Teilzeitbeschäftigte werden ggf. einfach jeweils anteilig behandelt.

> **Beispiel (Fortsetzung):**
>
> Im 4-Wochen-Zyklus sind [4 w × 38 h/w =] 152 h Arbeitszeit zu leisten. Der Schichtplan enthält 21 Schichten, sodass auf jede dieser Schichten [152 h : 21 =] 7,24 h bzw. 7 h 14 min anteilige Vertragsarbeitszeit entfällt.
>
> Vor diesem Hintergrund kommt es auf dem Arbeitszeitkonto zu den folgenden Standard-Bewegungen (weitere Bewegungen können insbesondere durch individuelle Abweichungen vom Schichtplan zu Stande

kommen) – wobei ich angenommen habe, dass an den schichtplanmäßig freien Tagen keine Vertragsarbeitszeit geleistet werden darf:

- planmäßig zu leistende Schicht: **+1 h 01 min**
- planmäßige Freischicht an einem Arbeitstag: **–7 h 14 min**
- krankheitsbedingter Arbeitsausfall dann, wenn noch nicht feststeht, wie gearbeitet worden wäre, sowie Urlaub: **±0 h**

Dies zeigt zum einen, dass die vollzeitbeschäftigten Mitarbeiter*innen pro ca. 7 planmäßig zu leistende Schichten eine planmäßige Freischicht erhalten. Zum anderen bin ich hier – wie stets auch im Folgenden – davon ausgegangen, dass entsprechend dem Leitgedanken des deutschen Entgeltfortzahlungsgesetzes (EntgFG) der/die erkrankte Mitarbeiter*in nicht besser oder schlechter gestellt werden darf als seine/ihre arbeitenden Kolleg*innen; hiervon darf jedoch gemäß § 4 Abs. 4 EntgFG auf Basis eines Tarifvertrags abgewichen werden, weshalb sich stets eine diesbezügliche Prüfung empfiehlt. Steht also sicher fest, dass an einem bestimmten Tag zu arbeiten gewesen wäre – z. B. nach Abschluss der wochenbezogenen Aktualisierung des Schichtplans; siehe hierzu **Abschn. 5.5** –, erhält auch ein*e an diesem Tag Erkrankte*r 1 h 01 min Zeitgutschrift. Umgekehrt wird dessen/deren Arbeitszeitkonto dann aber auch mit 7 h 14 min belastet, wenn er/sie an einem schichtplanmäßigen Arbeitstag erkrankt, an dem er/sie sicher frei gehabt hätte. Steht dagegen noch nicht fest, ob der/die Mitarbeiter*in gearbeitet hätte oder nicht, weil beispielsweise die dies endgültig regelnde Wochenplanung noch nicht abgeschlossen ist, werden Krankheitstage mit der anteiligen Vertragsarbeitszeit angerechnet und sind damit im Arbeitszeitkonto neutral.

Urlaub muss im Arbeitszeitkonto neutral sein, weil es sonst eine wegen des unterschiedlichen Rechtscharakters von Urlaub und Arbeitszeit unzulässige und darüber hinaus abrechnungstechnisch schwierige Vermischung beider geben würde. Damit wird der/die Mitarbeiter*in in unserem Beispiel-Fall an einem Urlaubstag von seiner arbeitsvertraglichen Verpflichtung befreit, 7 h 14 min Arbeitszeit zu leisten. Sein/Ihr urlaubsbedingter Freistellungsanspruch in Tagen basiert jedoch auf einer 5-Tage-Woche à [38 h/w : 5 =] 7 h 36 min; er beträgt in unserem Beispiel einschließlich der hier gegebenen 6 Tage Zusatzurlaub wegen Schichtarbeit in Stunden umgerechnet [36 Tage × 38 h/w : 5 Tage/w =] 273 h 36 min pro Jahr. Bei den nur 7 h 14 min Urlaubs-Freistellung pro planmäßige Schicht ist der Urlaubsanspruch von 36 Tagen vorliegend in [273 h 36 min : 7 h14 min =] 37,82 Tage umzurechnen. Das bis auf Rundungsfehler gleiche Ergebnis ergibt die – einfachere – Umrechnung des Urlaubsanspruchs auf Basis der schichtplanmäßigen 5,25-Tage-Woche (der 4-Wochen-Zyklus enthält schließlich 21 statt bei 5-Tage-Woche 20 Schichten): [36 Tage : 5 Tage/w x 5,25 Tage/w =] 37,80 Tage. – Die Rundung eines solchen Anspruchs auf ganze Tage kann tarif- oder arbeitsvertraglich vorgeschrieben sein.

Deutlich komplizierter ist die Kopplung zwischen Schichtplan und Arbeitszeitkonto dann, wenn im Schichtplan Disposchichten und/oder unterschiedliche Arbeitszeitdauern pro Schicht gegeben sind – wie in unseren obigen 5:1- und 6:1-Beispiel-Schichtplänen:

Beispiel (Fortsetzung):

Der in **Abschn. 5.3.2** vorgestellte Beispiel-Schichtplan für 5 Teams enthält in seinem 5-Wochen-Zyklus 21 Schichten und 7 Disposchichten. Hier liegt es vereinfachend – weil dann insbesondere keine Umrechnung der Zahl der Urlaubstage erforderlich ist – nahe, neben den 21 Schichten 4 der Disposchichten mit Vertragsarbeitszeit zu belegen (z. B. den Donnerstag und den Freitag in Schichtplan-Woche 1 und den Montag und den Dienstag in Schichtplan-Woche 4), wodurch aber Vertretungseinsätze an den übrigen Tagen mit Disposchicht nicht ausgeschlossen werden. Dies muss gründlich erklärt werden, was den Nachteil dieses Vorschlags ausmacht.

Auf diese Weise wird die Vertragsarbeitszeit auf durchschnittlich 5 Tage pro Woche à 7,6 h (7 h 36 min) verteilt und kommt es auf dem Arbeitszeitkonto zu diesen Standard-Bewegungen:

- planmäßig zu leistende Schicht an einem Tag mit anteiliger Vertragsarbeitszeit: **+39 min**
- planmäßig zu leistende Schicht an einem Tag mit Disposchicht ohne anteilige Vertragsarbeitszeit: **+8 h 15 min**
- planmäßige Freischicht an einem Tag mit anteiliger Vertragsarbeitszeit: **-7 h 36 min**

- planmäßige Freischicht an einem Tag mit Disposchicht ohne anteilige Vertragsarbeitszeit, krankheitsbedingter Arbeitsausfall dann, wenn noch nicht feststeht, wie gearbeitet worden wäre, sowie Urlaub: ±0 h

Alternativ können in solchen Fällen aber z. B. auch die folgenden Grund-Verteilungen der Vertragsarbeitszeit infrage kommen:

- gleichmäßige Verteilung der Vertragsarbeitszeit auf alle Schichten einschließlich der Disposchichten – vorliegend also auf 28 Tage und damit à [5 w × 38 h/w : 28 =] 6 h 47 min. Dies erfordert eine entsprechende Umrechnung der Zahl der Urlaubstage: Aus den insgesamt 36 Tagen bei 5-Tage-Woche werden wegen der dann durchschnittlichen 5,6-Tage-Woche [36 : 5 × 5,6 =] 40,32 Tage.
- Verteilung der Vertragsarbeitszeit so, dass auf alle planmäßigen Früh-, Spät- und Nachtschichten die schichtplanmäßige Arbeitszeit von 8 h 15 min entfällt und die restliche Vertragsarbeitszeit gleichmäßig auf die 7 Disposchichten verteilt wird. In unserem Beispiel wäre dies bei Vollzeitbeschäftigung [(5 w × 38 h/w − (21 × 8 h 15 min)) : 7 =] 2 h 24 min anteilige Vertragsarbeitszeit pro Disposchicht; bei Teilzeitbeschäftigung könnte zunächst der letztgenannte Wert reduziert werden (bis auf 0 h) und anschließend die anteilige Vertragsarbeitszeit an den übrigen Arbeitstagen. Dieses Verfahren ist zwar auf den ersten Blick deshalb günstig, weil sich das Arbeitszeitkonto dann grundsätzlich nur noch an den Tagen mit Disposchicht bewegt, was deren gleichmäßige Verteilung auf die Mitarbeiter*innen unterstützt. Nachteilig hieran ist jedoch, dass dies ohne Urlaubsstundenkonto (siehe hierzu **Kap. 3**) kaum funktionieren kann.

Noch schwieriger wird es, wenn (zusätzlich) ungleiche Arbeitszeitdauern pro Schicht vorliegen. Zur Erläuterung der hiermit verbundenen Probleme nehme ich nun einmal an, dass in unserem 4:1-System-Beispiel die Frühschichten 6,25 h und die Spät- und Nachtschichten jeweils 9,25 h Arbeitszeit enthalten (Schichtzeiten also z. B. 06:00–12:15,

12:00–21:15 und 21:00–06:15). Unter diesen Umständen würde die oben für dieses Beispiel propagierte gleichmäßige Verteilung der Vertragsarbeitszeit à 7 h 14 min auf alle planmäßigen Schichten dadurch erschwert werden, dass die Mitarbeiter*innen in den planmäßig zu leistenden Frühschichten im Arbeitszeitkonto 59 min Minus aufbauen, was motivational problematisch ist. Rechnerisch wird dies zwar dadurch ausgeglichen, dass in den planmäßig zu leistenden Spät- und Nachtschichten jeweils ein Plus von 2 h 01 min entsteht. Jedoch kann sich für die Mitarbeiter*innen damit ein Anreiz ergeben, sich vor Abschluss der Wochenplanung speziell an Tagen mit Frühschicht krank zu melden (weil an diesen Tagen dann ja kein Minus entsteht) bzw. nach Abschluss der Wochenplanung speziell in Spät- und Nachtschichten (weil die betreffenden Tage dann ja dennoch erheblich ansparen).

Alternativ können bei differenzierten Arbeitszeitdauern pro Schicht durch eine entsprechende ungleichmäßige Verteilung der Vertragsarbeitszeit auf die einzelnen Schichtarten gleiche Ansparfaktoren oder solche erzeugt werden, die sich proportional zur Arbeitszeitdauer pro Schicht verhalten. Dies erfordert dann allerdings zum einen wieder Urlaubsstundenkonten und ist zum anderen sehr erklärungsbedürftig, was beides hohe Hürden für ungleiche Arbeitszeitdauern pro Schicht aufstellt. Ich behandele dieses Thema daher in **Kap. 6** lediglich für den Fall der recht weit verbreiteten Kombination von 3 Schichten pro Tag unter der Woche mit 2 langen Schichten pro Tag am Wochenende.

Abschließend nun noch zu unserem 6:1-Schichtplan-Beispiel:

> **Beispiel (Fortsetzung):**
> Der in **Abschn. 5.3.2** vorgestellte kalendarische 6:1-Schichtplan enthält 21 „normale" Schichten und 14 Disposchichten mit unterschiedlicher Einsatz-Wahrscheinlichkeit. Hier liegt es nahe, neben den 21 normalen Schichten die 7 Disposchichten D1 mit hoher Einsatz-Wahrscheinlichkeit mit Vertragsarbeitszeit zu belegen, wodurch aber Vertretungseinsätze an den übrigen Disposchichten D2 natürlich nicht ausgeschlossen werden. Damit beträgt die anteilige Vertragsarbeitszeit [6 w × 38 h/w : (21 + 7) =] 8,14 h bzw. 8 h 09 min pro Schicht (einschließlich D1) und kommt es auf dem Arbeitszeitkonto zu den folgenden Standard-Bewegungen:

> - planmäßig zu leistende Schicht an einem Tag mit anteiliger Vertragsarbeitszeit: **+06 min**
> - planmäßig zu leistende Schicht an einem Tag mit D2: **+8 h 15 min**
> - planmäßige Freischicht an einem Tag mit anteiliger Vertragsarbeitszeit: **−8 h 09 min**
> - planmäßige Freischicht an einem Tag mit D2, krankheitsbedingter Arbeitsausfall dann, wenn noch nicht feststeht, wie gearbeitet worden wäre, sowie Urlaub: **±0h**

Dementsprechend ist die Zahl der Urlaubstage von 36 in [36 Tage × 7 h 36 min : 8 h 09 min =] 33,57 Tage umzurechnen, was unter Berücksichtigung des Rundungsfehlers wiederum das gleiche Ergebnis ist wie bei Umrechnung der den Urlaubsansprüchen zugrunde liegenden 5-Tage-Woche in die vorliegende [28 Tage mit Vertragsarbeitszeit : 6 w =] 4,67-Tage-Woche: [36 Tage : 5 Tage/w × 4,67 Tage/w =] 33,62 Tage. –

Nachdem nun die wichtigsten Optionen zur Kopplung von Schichtplan und Arbeitszeitkonto anhand einiger Beispiele behandelt worden sind, soll es zum Abschluss dieses Kapitels noch darum gehen, wie mit hochlaufenden Arbeitszeitguthaben und -schulden umgegangen werden sollte. Dazu möchte ich zunächst daran erinnern, dass bei korrekter Ermittlung und Umsetzung des Stellenbedarfs der durchschnittliche Arbeitszeitkonto-Saldo am Jahresende 0 sein muss. Dies ist natürlich meist unrealistisch, weil in diese Ermittlung Prognosewerte etwa hinsichtlich der durchschnittlichen Betriebszeit, der Ausfallzeiten, etc. eingehen können. Darüber hinaus betrifft diese Feststellung ja nur den *durchschnittlichen* Arbeitszeitkonto-Saldo, was individuell unterschiedliche Salden nicht ausschließt. Sind beispielsweise einzelne Mitarbeiter*innen „unersetzbar" bzw., auf dem anderen Extrem, nicht ausreichend flexibel einsetzbar, schlägt sich dies in den Arbeitszeitkonten regelmäßig in Form sich immer weiter aufbauender Plus- bzw. Minussalden nieder.

Meine erste und wichtigste Empfehlung zum Umgang hiermit ist vor diesem Hintergrund, dass es im laufenden Arbeitsverhältnis weder Auszahlungen von Arbeitszeitguthaben noch Entgeltabzüge zum Ausgleich von Minussalden (auch nicht mit Zustimmung des Mitarbeiters bzw. der Mitarbeiterin; ansonsten sind diese rechtlich grundsätzlich unzulässig) geben sollte – aus den folgenden inhaltlichen Gründen (zur steuerrechtlichen Problematik solcher Auszahlungen siehe [7], S. 98):

1. Beides gefährdet die bedarfsgerechte Steuerung des Arbeitszeit-Einsatzes: Zum einen werden an Auszahlungen interessierte Mitarbeiter*innen betrieblich erforderliche Freizeitausgleiche von Arbeitszeitguthaben zu verhindern suchen, zum anderen wird ein betrieblich erforderlicher Aufbau von Minussalden motivational dann deutlich erschwert, wenn den Mitarbeiter*innen dieses Betriebsrisiko mittels (drohendem) Entgeltabzug aufgebürdet wird.
2. Das aus meiner Sicht im Schichtbetrieb mit seinen besonderen Belastungen besonders wichtige Ziel der Einhaltung der Vertragsarbeitszeiten – wie es auch in Tarif- und Arbeitsverträgen in aller Regel kodifiziert ist (in Form von Ausgleichszeiträumen, innerhalb derer die Vertragsarbeitszeit im Durchschnitt einzuhalten ist) – wird relativiert. Dieses Ziel kann unter sonst gleichen Umständen nur dann erreicht werden, wenn die dem Schichtsystem zugewiesene personelle Kapazität im Durchschnitt ausreicht. Sind dafür vergütete Überstunden erforderlich, sollten ausschließlich mit hieran interessierten Mitarbeiter*innen (und natürlich ggf. unter Mitbestimmung des Betriebsrats) entsprechende Vereinbarungen getroffen und sollte durch entsprechende Regeln dafür gesorgt werden, dass diese Überstunden gar nicht erst auf dem Arbeitszeitkonto landen. Eine solche Regel könnte z. B. so aussehen, dass dann, wenn die Mitarbeiter*innen im Rahmen des flexiblen Schichtsystems zu 2 Zusatzschichten pro Monat verpflichtet sind, sie ab der 3., dann freiwilligen Zusatzschicht pro Monat die Wahl haben, sich die hierin geleistete Arbeitszeit als Überstunden (mit Zuschlag) auszahlen zu lassen oder nur den Überstundenzuschlag bei Gutschrift der geleisteten Arbeitszeit auf dem Arbeitszeitkonto.
3. Das aus meiner Sicht ebenfalls sehr wichtige Ziel einer gleichmäßigen Auslastung der Mitarbeiter*innen (proportional zu ihrer Vertragsarbeitszeit) wird relativiert. Soll es erreicht werden, erfordert dies kontinuierliche Arbeit daran, „unersetzbare" Mitarbeiter*innen (die

im Übrigen für jeden Betrieb eine latente Gefahr darstellen!) ersetzbar zu machen und die Einsetzbarkeit nicht ausreichend flexibel einsetzbarer Mitarbeiter*innen zu verbessern – was beides auch deshalb mühsam ist, weil die betreffenden Mitarbeitergruppen hieran nicht notwendig interessiert sind.

(Tarif-)Vertragliche Zulässigkeit vorausgesetzt, kann in Abweichung von Ziel (b) aber auch angestrebt werden, im Arbeitszeitkonto selbst oder in einem zusätzlichen „Zykluskonto" (o.ä.) einen Arbeitszeit-Puffer bestimmter Größe für Zeiten schlechter Auslastung aufzubauen, der gegenüber Kurzarbeit deutlich flexibler einsetzbar ist: z. B. in Höhe von 150 h pro Mitarbeiter*in, was etwa 10 % der üblichen effektiven Jahres-Regelarbeitszeit entspricht (Teilzeitbeschäftigte wie stets anteilig). Wenn dieser Puffer beispielsweise bei Vollzeitarbeit um durchschnittlich ca. 40 h/a wachsen soll, muss die dem Stellenbedarf zugrunde zu legende Wochenarbeitszeit bis zum Erreichen des Zielwerts um 1 h angehoben werden (etc.), sodass in unserem Beispiel-Fall statt 38 h/w 39 h/w anzusetzen wären. Dies reduziert den Stellenbedarf und damit die Teamgrößen unter sonst gleichen Umständen proportional – mit dem Effekt, dass es in unserem Beispiel im 4:1-System weniger Freischichten und im 5:1- und im 6:1-System mehr Zusatzschichten gibt, wodurch dann die Arbeitszeitkonto-Salden (oder diejenigen eines zweiten Kontos) steigen. – Auszahlungen von Arbeitszeitguthaben würden auch das Erreichen eines solchen Ziels erschweren.

Damit der jeweilige Zielwert des Arbeitszeitkontos – in unserem Beispiel-Fall, in dem die Vertragsarbeitszeiten erreicht werden sollen, ist dieser 0 h; bei saisonalen Schwankungen könnte er aber auch entsprechend variieren – fortlaufend angesteuert werden kann, sollte das Arbeitszeitkonto nach Möglichkeit ohne Abrechnungs-Stichtage durchlaufen. Gäbe es nämlich z. B. die Vorgabe, dass alle Arbeitszeitkonten stets am 31.12. ausgeglichen sein müssen, hätte dies die folgenden Auswirkungen:

- Der bedarfsgerechte Arbeitszeit-Einsatz wird beeinträchtigt, weil ein solcher Stand nur unter Missachtung der Besetzungs-Anforderungen erreicht werden kann.
- Liegen dann auf den allermeisten Arbeitszeitkonten am 31.12. richtiger Weise entweder Arbeitszeitguthaben oder -schulden vor, gibt es für deren Ausgleich keine guten Lösungen, weil Arbeitszeitguthaben nur durch Auszahlung ausgeglichen werden können, was aus den bereits angeführten Gründen nicht geschehen sollte, während Arbeitszeitschulden in disponierten Arbeitszeitsystemen grundsätzlich vom Arbeitgeber zu vertreten sind, sodass durch ihre Streichung Mehrkosten entstehen und Arbeitszeit-Kapazität verlorengeht. Letzteres führt dazu, dass der Arbeitgeber einen starken Anreiz hat, den Stellenbedarf so knapp zu kalkulieren, dass es nicht zu Minusstunden kommen kann, was das unmittelbar davor geschilderte Problem noch verschärft. – Aus denselben Gründen abzulehnen ist die betrieblich durchaus verbreitete Regel, dass über einen bestimmten Plus-Saldo hinausgehende Arbeitszeitguthaben automatisch als Überstunden vergütet werden.

Somit sollten jedenfalls in disponierten Arbeitszeitsystemen die Arbeitszeitkonten ohne Stichtage durchlaufen.

Im Schichtbetrieb wird das fortlaufende Ansteuern des jeweiligen Zielwerts in allen (!) individuellen Arbeitszeitkonten am besten durch eine sogenannte Ampelregelung unterstützt, die „zu große" Abweichungen vom jeweiligen Zielwert gelb und, wenn sie noch deutlich darüber hinausgehen, rot markiert – wobei, und das ist das Wichtigste, für „gelbe" und „rote" Salden besondere Regeln gelten, die nach den Bedingungen des Einzelfalls zu gestalten sind. Wie diese in unserem Beispiel-Fall aussehen könnten, behandele ich im folgenden Kapitel im Zusammenhang mit den „Flexi-Spielregeln", deren wichtiger Bestandteil sie sind. Gute Ampel-Regelungen zeichnen sich dadurch aus, dass der grüne (Ziel-)Bereich attraktiv und der gelbe und noch verstärkt der rote Bereich mit Einschränkungen für Mitarbeiter*innen und/oder Disponierende verbunden sind, die diese veranlassen, diese Bereiche jeweils schnellst möglich wieder zu verlassen.

5.5 Vervollständigung durch passende „Flexi-Spielregeln"

Zur Vervollständigung des flexiblen Schichtsystems müssen nun abschließend noch „Flexi-Spielregeln" entwickelt werden, mit deren Hilfe der jeweilige Schichtplan bei Bedarf so aktualisiert werden kann, dass die erforderlichen Besetzungen weitest möglich sichergestellt und dabei die Arbeitszeit- und Freizeitwünsche der Mitarbeiter*innen weitest möglich erfüllt werden. Diese Regeln dienen insbesondere auch der Gleichbehandlung der im jeweiligen Schichtsystem (bzw. bei KS Sub-System) eingesetzten Mitarbeiter*innen. In unserem Beispiel beziehen sich die Flexi-Spielregeln, weil hier Betriebszeit und Besetzungsstärke ja konstant sind, vor allem auf den Einsatz der Frei- und/oder Zusatzschichten der Mitarbeiter*innen. In anderen Konstellationen kann es aber (zusätzlich) um Regeln hinsichtlich der Anpassung von Betriebszeit und/oder Besetzungsstärke/n gehen, die daher in diesem Kapitel ebenfalls zu behandeln sind.

Dabei nehme ich hier und stets auch im Folgenden an, dass diese Schichtplan-Aktualisierung verbindlich (eine längerfristige *unverbindliche* Vorausplanung ist also selbstverständlich möglich und, wenn sie denn tatsächlich etwas bringt, auch sinnvoll) erst im Rahmen einer Feinplanung erfolgt, die z. B. immer bis Mittwoch Vorwoche 12:00 für die folgende Kalender- oder Betriebswoche vorgenommen wird und in die auch die Mitarbeiter*innen ihre Arbeitszeit- und Freizeitwünsche einbringen können. Diese müssen dem/der/den Disponierenden (das können auch die Mitarbeiter*innen selbst oder von ihnen Beauftragte sein) dann z. B. spätestens 48 h vor Abschluss der Feinplanung (beim eben skizzierten Ablauf also bis Montag Vorwoche 12:00) bekannt sein und werden nach betrieblicher Möglichkeit umgesetzt.

Dieses Prinzip nenne ich nachfolgend unabhängig vom tatsächlichen zeitlichen Vorlauf und vom tatsächlichen Planungszeitraum **Wochenplanung**. Um Wochenplanung in diesem Sinne würde es sich also z. B. auch dann handeln, wenn immer mit 1 Monat Vorlauf für 1 Kalendermonat geplant werden würde, etc. Über das Ergebnis der Wochenplanung sollten sich alle Mitarbeiter*innen selbst informieren müssen (Holschuld vor dem Hintergrund leichter Zugänglichkeit dieser Information – z. B. im Intranet oder via App). Im Rahmen dieser Aktualisierungs-Planung kann man dann z. B. regelmäßig auch besonderen Belangen von Teilzeitbeschäftigten gerecht werden (bis hin zur Teilung von Schichten), Nachtschichtuntaugliche in anderen Schichten einsetzen, auf Wunsch von Mitarbeiter*innen abweichende Schichtwechselzeiten ermöglichen, von Mitarbeiter*innen gewünschte Tausche (z. B. familienunfreundliche Spät- gegen belastende Nachtschichten) realisieren, etc. Wichtig ist mir an dieser Stelle aber noch einmal der Hinweis (siehe schon **Kap. 1**), dass der Schichtplan mittels Wochenplanung zu durchschnittlich höchstens ca. 25 % verändert werden können sollte, wobei individuelle Abweichungs-Wünsche hinzukommen können.

Wichtig ist eine solche Wochenplanung in der hier vertretenen Konzeption flexibler Schichtsysteme auch deshalb, weil nach ihrem Abschluss Schichtplan-Änderungen nur noch einvernehmlich (einschließlich insbesondere des Tausches von Schichten) sowie unter Beachtung der jeweiligen Arbeitszeitkonto-Regeln (siehe hierzu weiter unten) möglich sind. Solche Änderungen können bei betrieblicher Veranlassung durchaus belohnt werden (am einfachsten so, dass sie wie Überstunden behandelt werden, aber auch in Form von Einspringprämien, etc.) – wobei ich dies zwiespältig sehe: Erstens kann es wenig gesundheitsförderliche Verhaltensweisen begünstigen, zweitens das im betrieblichen Alltag sehr wichtige „Geben und Nehmen" gefährden und drittens das Interesse an einer verlässlichen Planung beeinträchtigen – von den Zusatzkosten und der Missbrauchsgefahr einmal ganz abgesehen. Unabhängig hiervon aber gibt der Abschluss der Wochenplanung den Mitarbeiter*innen Planungssicherheit, was im Schichtbetrieb von besonders großer Bedeutung ist, und gewährleistet zugleich die rechtlich korrekte Berücksichtigung der Ausfallzeiten im Arbeitszeitkonto (siehe dazu im Einzelnen **Abschn. 5.4**).

Je länger der zeitlicher Vorlauf der „Wochenplanung" und/oder der Planungszeitraum ist/sind, desto unsicherer sind naturgemäß die Prognosen, wie viele Mitarbeiter*innen in den einzelnen Betriebsschichten tatsächlich zur Verfügung stehen und/oder (wenn auch Betriebszeit und/oder Besetzungsstärke/n variiert werden können) welche Besetzungen tatsächlich erforderlich sein werden – mit den entsprechenden nachträglichen Änderungsbedarfen und/oder Risiken einer nicht bedarfsgerechten Besetzung. Und auch seitens der Mitarbeiter*innen kann es sich erst relativ kurzfristig ergebende Anforderungen an den persönlichen Schichtplan geben, dem in einer Planung mit nicht allzu langem Vorlauf leichter Rechnung getragen werden kann.

Daher lege ich nachfolgend stets das oben skizzierte Bild einer rollierenden Wochenplanung zugrunde. Diese hat im Übrigen den Vorteil, dass die für die Schicht-Mitarbeiter*innen besonders wichtigen Wochenend-Schichten mit dem längsten Vorlauf geplant werden und insbesondere so, dass zwischendurch noch ein Wochenende liegt, an dem die erforderliche persönliche Planung (z. B. mit der Familie) dementsprechend vorgenommen werden kann.

Dies bedeutet zugleich, dass flexible Schichtsysteme in der hier vertretenen Konzeption für sich kurzfristig auftuende Besetzungslücken oder Überbesetzungen ganz bewusst (um die Mitarbeiter*innen vor fremdgesteuerten kurzfristigen Arbeitszeit-Änderungen zu schützen, die für sie die höchste Belastung mit sich bringen) keine direktive Lösung anbieten – sodass es z. B. erforderlich sein kann, das flexible Schichtsystem für den Fall, dass ein*e Mitarbeiter*in kurzfristig ausfällt, durch anderweitige Maßnahmen zu ergänzen. –

Nach diesen allgemeinen Vorbemerkungen nun zunächst einige Ideen für Flexi-Spielregeln zur Komplettierung der in den letzten Kapiteln für das illustrierende Beispiel entwickelten 4:1-, 5:1- und 6:1-Systeme:

> **Beispiel 4:1-System (Fortsetzung):**
> Hier besteht die Aufgabe grundsätzlich „nur" darin sicherzustellen, dass von den angenommen jeweils 11–12 Team-Mitgliedern in allen Betriebsschichten genau 8 planmäßig anwesend sind. Sollte dies nämlich nicht gelingen und es dadurch zur Überbesetzung von Betriebsschichten kommen, reicht der oben kalkulierte Stellenbedarf nicht aus und laufen in den Arbeitszeitkonten nicht ausgleichbare Guthaben auf – oder es kommt spiegelbildlich zu Unterbesetzungen, die es jedoch ebenfalls, auch zur Entlastung der Mitarbeiter*innen, zu vermeiden gilt.
> Die diesbezügliche Abwesenheits-Planung kann im Rahmen der Wochenplanung wie oben allgemein vorgestellt mittels arbeitgeberseitiger

Disposition erfolgen. In der Regel ist es jedoch besser, diese durch die Mitarbeiter*innen selbst im Rahmen eines sogenannten **Zeitfenster-Systems** vornehmen zu lassen. Dies funktioniert in unserem Beispiel bei z. B. 12 Mitarbeiter*innen pro Team so, dass pro Schicht 4 Abwesend-Positionen (das sind die Zeitfenster) zur Verfügung stehen, die in Teamabsprache zu belegen sind – was im Übrigen noch einmal unterstreicht, wie wichtig die quantitativ wie qualitativ möglichst gleichmäßige Besetzung der Teams ist. Diese Belegung erfolgt sinnvollerweise in drei Phasen:

- Sie beginnt mit der Jahresplanung, in der insbesondere die Urlaube und andere so lange im Voraus feststehende Abwesenheiten (z. B. für Fort- und Weiterbildung) in die Zeitfenster eingetragen werden. Dabei sollte/n vorliegend aber in den Hauptulaubszeiten mindestens 1 Zeitfenster für sonstige Abwesenheiten (insbesondere Krankheit) frei bleiben und außerhalb der Haupturlaubszeiten mindestens 2 Zeitfenster.
- Anschließend können bis zur Wochenplanung weitere Zeitfenster belegt werden, wobei aber grundsätzlich eines für den Fall kurzfristig auftretender Ausfallzeiten offenbleiben muss oder nur widerrufbar belegt werden darf.
- Im Rahmen der Wochenplanung werden dann die noch offenen Zeitfenster in Teamabsprache belegt. Sollten sich dabei für bestimmte Freischichten keine Freiwilligen finden, bietet es sich an, diese, soweit qualifikationsseitig möglich, einfach den Mitarbeiter*innen mit den aktuell jeweils höchsten Arbeitszeitkonto-Salden zuzuweisen – auch um diese Salden weniger attraktiv zu machen. Dabei kann jedoch zusätzlich geregelt sein, dass von den Mitarbeiter*innen besonders wenig geschätzte Freischichten (in denen z. B. Zuschläge verloren gehen) unabhängig hiervon gleichmäßig zu verteilen sind. Unterstützend könnte zusätzlich eine Ampel-Regelung im Arbeitszeitkonto wirken wie die folgende:
- **Grünphase** – bis $\pm 1 \times$ Wochen-Vertragsarbeitszeit (vorliegend bei Vollzeitbeschäftigung also bis ± 38 h):
Dies ist der Zielbereich des Arbeitszeitkontos, weshalb hier keine besonderen Regeln gelten.
- **Gelbphasen** – bis $\pm 2 \times$ Wochen-Vertragsarbeitszeit (analog also bis ± 76 h):
Arbeitszeitkonten, die sich in der Minus-Gelbphase befinden, werden weitestmöglich dadurch zurückgeführt, dass den betreffenden Mitarbeiter*innen Freischichten nur noch aus dringendem persönlichem Grund gewährt werden. Arbeitszeitkonten, die sich in der Plus-Gelbphase befinden, werden weitestmöglich dadurch zurückgeführt, dass die betreffenden Mitarbeiter*innen in der Wochenplanung immer mindestens 1 Freischicht nehmen müssen.

- **Rotphasen** – jenseits von ±2× Wochen-Vertragsarbeitszeit (analog also >+76 h bzw. <−76 h):
Mitarbeiter*innen, deren Arbeitszeitkonto sich in der Minus-Rotphase befindet, erhalten keine Freischichten. Mitarbeiter*innen, deren Arbeitszeitkonto sich in der Plus-Rotphase befindet, erhalten in der Wochenplanung immer die jeweils nächst mögliche/n Freischicht/en.

Beispiel 5:1-System (Fortsetzung):

Hier geht es zum einen ebenfalls darum, die bei angenommen 9–10 Team-Mitgliedern gegenüber der erforderlichen 8er-Schichtbesetzung bestehende Überbesetzung durch entsprechende Abwesenheitsplanung auszuschließen; siehe hierzu im Einzelnen das eben vorgestellte Beispiel. Darüber hinaus ist hier aber auch noch eine teamübergreifende Planung insoweit erforderlich, als immer dann, wenn Abwesenheiten absehbar zu einer Unterschreitung der erforderlichen 8er-Schichtbesetzung führen, entsprechend viele Mitarbeiter*innen aus demjenigen Team in die betreffende Schicht eingeplant werden müssen, das am betreffenden Tag Disposchicht hat – und zwar weitest möglich immer diejenigen mit den aktuell niedrigsten Arbeitszeitkonto-Salden. Dies alles sollte abschließend wiederum erst im Rahmen der Wochenplanung erfolgen, die z. B. durch die folgende Ampel-Regelung unterstützt werden könnte:

Grünphase – bis ±1× Wochen-Vertragsarbeitszeit:
Dies ist der Zielbereich des Arbeitszeitkontos, weshalb hier keine besonderen Regeln gelten.

Gelbphasen – bis ±2× Wochen-Vertragsarbeitszeit:
Arbeitszeitkonten, die sich in der Plus-Gelbphase befinden, werden weitestmöglich dadurch zurückgeführt, dass die betreffenden Mitarbeiter*innen in Disposchichten grundsätzlich nicht eingeplant werden. Arbeitszeitkonten, die sich in der Minus-Gelbphase befinden, werden weitestmöglich dadurch zurückgeführt, dass den betreffenden Mitarbeiter*innen Freischichten nur noch aus dringendem persönlichem Grund gewährt und sie in so vielen Disposchichten wie möglich eingesetzt werden, was insbesondere auch zusätzliche Freischichten von Kolleg*innen mit höheren Arbeitszeitkonto-Salden ermöglicht.

Rotphasen – jenseits von ±2× Wochen-Vertragsarbeitszeit:
Mitarbeiter*innen, deren Arbeitszeitkonto sich in der Plus-Rotphase befindet, dürfen in Disposchichten nicht eingeplant werden. Mitarbeiter*innen, deren Arbeitszeitkonto sich in der Minus-Rotphase befindet, erhalten keine Freischichten und werden bei jeder sich bietenden Möglichkeit in Disposchichten eingeplant.

> **Beispiel 6:1-System (Fortsetzung):**
> Im 6:1-System gibt es bei hier angenommen 7–8 Mitarbeiter*innen pro Team keine planmäßigen Überbesetzungen. Dafür müssen hier aber sämtliche Unterbesetzungen im Rahmen der Wochenplanung teamübergreifend vertreten werden. Dazu werden in den betreffenden Schichten grundsätzlich zunächst Mitarbeiter*innen aus dem in D1 befindlichen Team eingeplant und nur dann, wenn dies nicht (mehr) möglich ist, Mitarbeiter*innen aus dem in D2 befindlichen Team. Auch dies kann wieder durch geeignete Ampel-Regelungen unterstützt werden.

Abschließend nun noch Hinweise zu Flexi-Spielregeln, die im Rahmen der Wochenplanung bei der Anpassung von schichtplanmäßiger Betriebszeit und/oder Besetzungsstärke/n zum Einsatz kommen können. Dabei muss es wie stets darum gehen, die betrieblichen Anforderungen so gut wie irgend möglich mit den Arbeitszeit- und Freizeitinteressen der Mitarbeiter*innen zusammenzubringen, was oft Kompromiss-Lösungen erfordern wird.

Dies möchte ich nun zunächst am Beispiel eines 5-Tage-3-Schichtbetriebs an Werktagen Montag bis Freitag zeigen, in dem es Auftragsschwankungen gibt, die es erfordern, in den einzelnen Schichtlagen an bis zu 6 Tagen pro Woche zu arbeiten und auch einmal auf 4 Betriebstage zurückzugehen. Damit geht es hier um einen Betriebszeit-Korridor von 12–18 Betriebsschichten pro Woche, der immerhin Abweichungen in Höhe von ±20 % vom Standard 15 Betriebsschichten pro Woche ermöglicht. Dabei könnten eine oder mehrere der folgenden Flexi-Spielregeln zum Einsatz kommen:

- Da am Wochenende so wenig wie möglich gearbeitet werden sollte (ggf. auch aus Kostengründen, wenn hierfür Zuschläge, Zulagen, o.ä. zu zahlen sind), sollten die zusätzlichen Schichten nicht kollektiv, sondern immer nur personenbezogen angesagt werden. Dabei sollten die Mitarbeiter*innen im Einzelfall bestehende persönliche Verhinderungen spätestens 48 h vor Abschluss der Wochenplanung anzeigen müssen, um zu vermeiden, dass sich hieraus ein Bedarf an kurzfristigen Schichtplan-Anpassungen ergibt. Die Verteilung der

Wochenend-Zusatzschichten sollte stets auch dazu genutzt werden, die Arbeitszeitkonto-Salden der Mitarbeiter*innen zusammenzuführen. Gelingt dies nicht, zeigt dies Defizite hinsichtlich Unersetzbarkeit bzw. Nicht-Einsetzbarkeit von Mitarbeiter*innen, an denen dann (wie bereits in **Abschn. 5.4** ausgeführt) dringend zu arbeiten ist.

- Wichtig kann zudem die Ansage-Reihenfolge der Zusatzschichten sein, die dann bereits im Rahmen der Flexi-Spielregeln festgelegt werden sollte. In unserem Beispiel-Fall werden z. B. viele Mitarbeiter*innen die Sonntag-Nachtschicht als 1. Zusatzschicht gegenüber der Samstag-Frühschicht bevorzugen (oder auch als 2. Zusatzschicht gegenüber der Samstag-Spätschicht), auch wenn dies wegen der dadurch 6 Nachtschichten in Folge arbeitswissenschaftlich ungünstig, für den Betrieb normalerweise teurer und eventuell (etwa weil zu Beginn der Betriebswoche Handwerker verfügbar sein müssen) nicht praktikabel ist; letzteres könnte sogar erfordern, dass die Samstag-Nachtschicht als letzte zusätzliche Betriebsschicht angesagt wird.
- Für die Mitarbeiter*innen günstig kann es auch sein, am Wochenende mit veränderten Schichtdauern zu arbeiten: z. B. mit 6 h-Früh- und ggf. -Spätschichten am Samstag, die die an diesem Tag besonders wichtige Freizeit schonen (auch wegen der dadurch reduzierten Pausenzeiten), oder mit verlängerten Schichten Samstagfrüh und Sonntagnacht, um die Samstag-Spätschicht zu erübrigen.
- Es können Grenzwerte für die Zahl der von Mitarbeiter*innen in Folge, pro Monat, Quartal und/oder Kalenderjahr (etc.) verpflichtend zu leistenden Wochenendschichten eingeführt werden, über die hinaus freiwillig gearbeitet werden darf (z. B. als Überstunden gewertet) oder auch nicht.
- Bei der Absage von Schichten bietet es sich in unserem Beispiel im Sinne der Mitarbeiter*innen an, diese Absagen nur in Verbindung mit dem Wochenende und ggf. mit Feiertagen zu ermöglichen und hierfür eine Standard-Reihenfolge festzulegen. Erfolgt die Absage einer Schicht nicht kollektiv, sollten die individuellen Freischichten stets auch dazu genutzt werden, die Arbeitszeitkonto-Salden der Mitarbeiter*innen weitest möglich zusammenzuführen.

Sollen oder müssen in der Wochenplanung Besetzungsstärke-Anpassungen ermöglicht werden, kann dies durch eine entsprechende Verteilung von Frei- und/oder Zusatzschichten und/oder durch Änderung der Schichtlage an einzelnen, mehreren oder auch allen Tagen der Betriebswoche geschehen. Unter diesen Umständen ist es besonders wichtig, die *allgemeinen* (also nicht auf eine konkrete Betriebswoche bezogenen) Arbeitszeit- und Freizeitpräferenzen der einzelnen Mitarbeiter*innen zu kennen, damit z. B. immer zunächst diejenigen Mitarbeiter*innen aus einer überbesetzten Nacht- in eine unterbesetzte Spätschicht umgeplant werden, die sich mit Nachtschichten schwertun; etc. Je gravierender diese Schichtplan-Änderungen sind, desto mehr bietet es sich an, sie mit längerer Vorankündigung oder ausschließlich auf mitarbeiterseits freiwilliger Basis vorzunehmen.

Zum Schluss dieses Kapitels möchte ich nur noch auf das Praxis-Beispiel eines 4:1-Systems für 18 Betriebsschichten pro Woche mit sehr ausgefeilten Flexi-Spielregeln hinweisen, das Sie gleich zu Beginn von **Abschn. 6.7** finden.

5.6 Fazit

Für unser Beispiel konnten in diesem Kapitel mit den hierin Schritt für Schritt entwickelten flexiblen 4:1- und 5:1-Systemen zwei alternative tragfähige Lösungen gefunden werden: beides einfache Schichtsysteme, sodass sich die Suche nach weiteren Alternativen jedenfalls so lange erübrigt, wie nicht ein aus mehreren Schichtsystemen kombiniertes System eingeführt werden muss oder soll. Diese beiden Alternativen haben die typischen relativen Vor- und Nachteile im Verhältnis zur Zahl der zu besetzenden Arbeitsplätze größer (vorliegend das 4:1-System) bzw. kleiner (vorliegend das 5:1-System), die daher an dieser Stelle kurz beleuchtet werden sollen:

- In diesem Sinne große Teams sind grundsätzlich nicht auf die Unterstützung anderer Teams angewiesen und bieten damit auch relativ gute Möglichkeiten zur Selbststeuerung der Abwesenheiten (in unserem Beispiel etwa im Rahmen einer Zeitfenster-Planung).

Darüber hinaus ist die Kopplung von Schichtplan und Arbeitszeitkonto hier besonders einfach.
- In diesem Sinne kleine Teams erfordern dagegen teamübergreifende Unterstützung und damit sowohl eine entsprechende Disposition als auch Disposchichten der Mitarbeiter*innen, die auch die Kopplung von Schichtplan und Arbeitszeitkonto erschweren.

Damit sollten Schichtsysteme mit in diesem Sinne großen Teams grundsätzlich bevorzugt werden. Gerade kleine Besetzungen – die es auch im Rahmen größerer Teams geben kann, wenn in diesen z. B. jeweils nur 1 Spezialist*in verfügbar ist – kommen aber ohne teamübergreifende Unterstützung nicht aus. In Spezialist*innen-Fällen wie dem eben skizzierten muss dann überlegt werden, ob (um in unserem Beispiel zu bleiben) für die Spezialist*innen-Position ein 5:1-System und für die übrigen Mitarbeiter*innen ein 4:1-System eingeführt werden soll (mit den damit verbundenen ständigen Kooperationswechseln – siehe **Abschn. 7.3**) oder ein 5:1-System für alle Mitarbeiter*innen.

> **Ihr Transfer in die Praxis:**
> - Ohne korrekt bemessene Personalkapazität können flexible Schichtsysteme nicht funktionieren.
> - Der Stellenbedarf ist unabhängig vom letztlich gewählten Schichtsystem.
> - Bei der Entwicklung passender flexibler Schichtsysteme gibt es fast immer mindestens zwei Alternativen.
> - Achtung – die Kopplung von Schichtplan und Arbeitszeitkonto ist sehr fehlerträchtig.
> - Nur die Kombination von Schichtplan und geregelter Wochenplanung ermöglicht eine bedarfs- und bedürfnisgerechte Einsatzplanung der Mitarbeiter*innen.

Literatur

1. DGUV (Deutsche Gesetzliche Unfallversicherung Spitzenverband) (Hrsg.). (2012). *Schichtarbeit. Rechtslage, gesundheitliche Risiken und Präventionsmöglichkeiten.* Berlin: DGUV.

2. Herrmann, L. (2004). *Zeitgemäße Schichtpläne. Maßgeschneiderte Arbeitszeitsysteme für die Produktion* (3. Aufl.). Renningen: Expert.
3. Hielscher, V., Kreutzer, E., & Matthäi, I. (2019). *Schichtarbeit unter Veränderungsdruck. Praxiserfahrungen – Herausforderungen – Zielkonflikte.* Baden-Baden: Nomos.
4. Hoff, A. (2015). *Gestaltung betrieblicher Arbeitszeitsysteme. Ein Überblick für die Praxis.* Wiesbaden: Springer Gabler.
5. Kutscher, J., & Leydecker, J. M. (2018). *Schichtarbeit und Gesundheit. Aktueller Forschungsstand und praktische Schichtplangestaltung.* Berlin: Springer Gabler.
6. Kutscher, J., Weidinger, M., & Hoff, A. (1996). *Flexible Arbeitszeitgestaltung. Praxis-Handbuch zur Einführung innovativer Arbeitszeitmodelle.* Wiesbaden: Gabler.
7. Rolfs, C., Witschen, S., Veit, A., & Hoff, A. (2017). *Recht und Praxis der Arbeitszeitkonten* (3. Aufl.). München: Beck.

6

Alle einfachen Schichtsysteme und die wichtigsten Mehrfachbesetzungssysteme (MBS)

> **Was Sie aus diesem Kapitel mitnehmen:**
>
> - Sobald Sie wissen, welche Team-Strukturen für das von Ihnen gesuchte Schichtsystem infrage kommen, finden Sie in diesem Kapitel Anregungen für die Gestaltung praktisch aller denkbaren einheitlichen Schichtpläne und auch für deren flexible Handhabung.

In diesem Kapitel stelle ich alle einfachen Schichtsysteme sowie die aus meiner Sicht wichtigsten MBS anhand von Beispielen vor, die überwiegend aus meiner Beratungspraxis stammen. Sie sind auf die derzeit üblichen Regelarbeitszeitdauern von 35–40 h/w ausgelegt, soweit im Einzelfall nicht etwas anderes gesagt wird. Dieses Kapitel sollten Sie daher konsultieren, wenn Sie ein für alle Mitarbeiter*innen einheitliches Schichtsystem suchen. Es hilft Ihnen aber ebenso, wenn Sie ein KS einführen wollen, weil sich dieses ja aus mehreren einfachen Schichtsystemen und/oder MBS zusammensetzt. Weitere Anregungen können Sie z. B. den im abschließenden Literaturverzeichnis angeführten Werken [1] [2] [3] [4] [5] [6] entnehmen, dazu aber natürlich auch im Internet recherchieren.

Die einzelnen Schichtsysteme sind nachfolgend aufsteigend nach ihrer sogenannten **Besetzungszahl** angeordnet. Die Besetzungszahl ist der Dezimalwert der gewählten Team-Struktur (n:1, nxp:m bzw. n:m – siehe **Kap. 4**). Zunächst werden daher 1:1-Systeme (Besetzungszahl 1,00) vorgestellt – und zuletzt 7:1-Systeme (Besetzungszahl 7,00). Systeme mit hoher Besetzungszahl können bei üblichen Regelarbeitszeitdauern die regelmäßige Besetzung von Schichten außerhalb des eigentlichen Schichtbetriebs erfordern; in der betrieblichen Praxis sind dies meist Tagschichten. Letzteres schlage ich allerdings grundsätzlich zu vermeiden vor, um die Zahl der für das jeweilige Schichtsystem benötigten Mitarbeiter*innen zu minimieren: betrieblich aus Kostengründen und um die Besetzung des Schichtsystems zu erleichtern, mitarbeiterseits, um möglichst wenige Mitarbeiter*innen den diesbezüglichen Belastungen auszusetzen.

Zwischen den dementsprechend insgesamt 7 n:1-Systemen, die als einfache Schichtsysteme auch in diesem Kapitel im Vordergrund stehen und daher jeweils besonders ausführlich behandelt werden, finden Sie MBS aller Typen – also z. B. 3×6:5-Systeme (Besetzungszahl 3,6) zwischen den 3:1- und den 4:1-Systemen und 9:2-Systeme (Besetzungszahl 4,5) zwischen den 4:1- und den 5:1-Systemen. Bei Systemen mit gleicher Besetzungszahl wird immer das System mit der kleineren Zahl von (Teil-)Teams als erstes vorgestellt, bei MBS mit gleicher Zahl von (Teil-)Teams Typ 1 vor Typ 2.

Zur praktischen Nutzung dieses Kapitels – und dies erklärt auch, warum Sie hierin sowohl einfache Schichtsysteme als auch MBS finden – ermitteln Sie bitte zunächst mithilfe der **Abschn. 5.1 und 5.2** (bei KS für jedes Sub-System separat), welche einfachen Schichtsysteme für die Lösung Ihrer Problemstellung infrage kommen könnten. Zur näheren Ausgestaltung dieser Systeme – insbesondere auch hinsichtlich ihrer flexiblen Gestaltung – können Sie sich dann in den einschlägigen nachfolgenden Kapiteln Anregungen holen; im Übrigen gehen Sie diesbezüglich wie in den **Abschn. 5.3 bis 5.5** beschrieben vor.

Kommen Sie dabei zu keinem für Sie akzeptablen Ergebnis, prüfen Sie bitte als nächstes, ob ein MBS infrage kommen könnte – falls Sie unter diesen Umständen nicht doch gleich ein KS anstreben. Sollte die Einführung eines MBS im Bereich des Möglichen liegen, schauen Sie sich bitte dann, wenn die Mitarbeiter*innen in einem einfachen Schichtsystem (zu) viele Freischichten erhalten würden, MBS mit einer höheren Besetzungszahl an, die Sie in diesem Kapitel also nach dem betreffenden einfachen Schichtsystem finden. Wenn die Mitarbeiter*innen umgekehrt in einem einfachen Schichtsystem (zu) viele Zusatzschichten leisten müssen, schauen Sie sich bitte MBS mit einer niedrigeren Besetzungszahl an, die Sie in diesem Kapitel also vor dem betreffenden einfachen Schichtsystem finden. Die Flexibilisierung des auf diese Weise eventuell gefundenen MBS nehmen Sie dann bitte wieder entsprechend der **Abschn. 5.3 bis 5.5** vor.

6.1 1:1-Systeme – Besetzungszahl 1,00

Ein Beispiel für ein 1:1-System ist der klassische 5-Tage-1-Schichtbetrieb – siehe nachfolgende Abbildung. Ein 1:1-System ist aber z. B. auch über 6 oder 4 Betriebsschichten vorstellbar und im Rahmen kombinierter Schichtsysteme zum Beispiel auch für die Dauernachtschicht.

	Mo	Di	Mi	Do	Fr	Sa	So
Woche 1	F	F	F	F	F	-	-

	Woche 1					
	Mo	Di	Mi	Do	Fr	Sa	So
Frühschicht	1	1	1	1	1		

Bei entsprechendem betrieblichem Bedarf kann vor dem Hintergrund des jeweiligen Schichtplans dann z. B. vorgesehen werden, dass im Rahmen der Wochenplanung die planmäßige Arbeitszeitdauer pro Schicht innerhalb bestimmter Grenzen verlängert und/oder verkürzt werden kann, Zusatzschichten an schichtplanmäßig freien Tagen zu leisten sind und/oder Schichten kollektiv und/oder mitarbeiterbezogen abgesagt werden können. Auf diese Weise kann der Betrieb bei Teamgrößen > 1 sogar vorübergehend auf 7 Tage pro Woche ausgeweitet werden (wenngleich mit reduzierter Wochenend-Besetzung), indem ein Teil der Mitarbeiter*innen am Samstag und ein anderer Teil am Sonntag arbeitet – z. B. unter der Nebenbedingung, dass hierdurch maximal 7 Arbeitstage in Folge zu Stande kommen dürfen.

6.2 MBS mit einer Besetzungszahl von 1,00 bis unter 2,00

2:2-Systeme – Besetzungszahl 1,00
Derartige Systeme können dann sinnvoll sein, wenn einzelne Betriebsschichten deutlich abweichend besetzt werden müssen. Nachfolgende Abbildung zeigt ein Beispiel mit planmäßig halber Besetzung der Montag- und der Samstag-Frühschicht.

	Mo	Di	Mi	Do	Fr	Sa	So
Woche 1	-	F	F	F	F	F	-
Woche 2	F	F	F	F	F	-	-

	Woche 1							Woche 2						
	Mo	Di	Mi	Do	Fr	Sa	So	Mo	Di	Mi	Do	Fr	Sa	So
Frühschicht		1	1	1	1	1			2	2	2	2	2	
Frühschicht	2	2	2	2	2			1	1	1	1	1		

Analoge Systeme können auch für mehr Teams geschaffen werden – z. B. für 3 Teams, um neben vollen auch planmäßige 2/3- und/oder 1/3-Besetzungen von Betriebsschichten im Laufe eines 3-Wochen-Zyklus generieren zu können, etc.

6:5-Systeme – Besetzungszahl 1,20
Solche MBS dienen klassisch zur Kombination einer 6-Tage-Betriebs- mit einer 5-Tage-Arbeitswoche. Man spricht hier auch von Rolliersystemen, in denen der arbeitsfreie „Rolltag" regelmäßig über die Werktage verteilt wird – z. B. wie in nachfolgender Abbildung mit einem verlängerten Wochenende alle 6 Wochen.

	Mo	Di	Mi	Do	Fr	Sa	So
Woche 1	-	T	T	T	T	T	-
Woche 2	T	-	T	T	T	T	-
Woche 3	T	T	-	T	T	T	-
Woche 4	T	T	T	-	T	T	-
Woche 5	T	T	T	T	-	T	-
Woche 6	T	T	T	T	T	-	-

	Woche 1							Woche 2							Woche 3						
	Mo	Di	Mi	Do	Fr	Sa	So	Mo	Di	Mi	Do	Fr	Sa	So	Mo	Di	Mi	Do	Fr	Sa	So
Tagschicht	6	1	1	1	1	1		1	6	1	1	1	1		1	1	6	1	1	1	
Tagschicht	2	2	2	2	2	6		6	2	2	2	2	2		2	6	2	2	2	2	
Tagschicht	3	3	3	3	6	3		3	3	3	3	3	6		6	3	3	3	3	3	
Tagschicht	4	4	4	6	4	4		4	4	4	6	4	4		4	4	4	4	4	6	
Tagschicht	5	5	6	5	5	5		5	5	5	5	6	5		5	5	5	5	6	5	

	Woche 4							Woche 5							Woche 6						
	Mo	Di	Mi	Do	Fr	Sa	So	Mo	Di	Mi	Do	Fr	Sa	So	Mo	Di	Mi	Do	Fr	Sa	So
Tagschicht	1	1	1	6	1	1		1	1	1	1	6	1		1	1	1	1	1	6	
Tagschicht	2	2	6	2	2	2		2	2	2	6	2	2		2	2	2	2	6	2	
Tagschicht	3	6	3	3	3	3		3	3	6	3	3	3		3	3	3	6	3	3	
Tagschicht	6	4	4	4	4	4		4	6	4	4	4	4		4	4	6	4	4	4	
Tagschicht	5	5	5	5	5	6		6	5	5	5	5	5		5	6	5	5	5	5	

Der Besetzungsplan zeigt, dass in diesem Beispiel Team 6 als Springerteam fungiert, das – überwiegend täglich wechselnd – alle anderen Teams auf deren Arbeitsplätzen (dafür stehen die Zeilen) vertritt; dies kann aber natürlich auch anders gelöst werden. Unabhängig davon stellt dieser Schichtplan an jedem Betriebstag 5 der 6 Teams zur Verfügung, weshalb in der Fachliteratur auch von „überbesetzten Systemen" gesprochen wird. Solche Systeme haben insoweit verstecktes Flexibilitätspotenzial, als bei Ausfall von Mitarbeiter*innen Kolleg*innen aus dem Team, das gerade seinen freien Tag hat, Zusatzschichten leisten können.

6:5-Systeme können aber auch zur ungleichmäßigen Verteilung der Arbeitszeit-Kapazität auf bis zu 7 Betriebstage pro Woche eingesetzt werden – wie im Praxis-Beispiel in nachfolgender Abbildung. Hier sind von den 6 Teams an den relativ hoch ausgelasteten Tagen Montag bis Donnerstag jeweils 5 eingeplant, am etwas geringer ausgelasteten Freitag 4 und am deutlich geringer ausgelasteten Wochenende 3. Im 6-Wochen-Zyklus wird die 5-Tage-Woche im Durchschnitt erreicht, ist ganz regelmäßig jedes 2. Wochenende abwechselnd zu arbeiten bzw. frei (und zwar jeweils immer in derselben Team-Konstellation) und arbeiten die Mitarbeiter*innen maximal 4 Tage am Stück. – Dieses Beispiel lässt erkennen, wie viele unterschiedliche Gestaltungsmöglichkeiten es bei MBS gibt.

```
              Mo Di Mi Do Fr Sa So
      Woche 1  T  T  T  T  -  T  T
      Woche 2  T  -  T  T  T  -  -
      Woche 3  T  T  T  -  T  T  T
      Woche 4  -  T  T  T  T  -  -
      Woche 5  T  T  T  T  -  T  T
      Woche 6  T  T  -  T  T  -  -
```

	Woche 1							Woche 2							Woche 3						
	Mo	Di	Mi	Do	Fr	Sa	So	Mo	Di	Mi	Do	Fr	Sa	So	Mo	Di	Mi	Do	Fr	Sa	So
Tagschicht	1	1	1	1		1	1			1	1	1	1		1	1	1		1	1	1
Tagschicht	2	2		2	2			2	2	2	2					2	2	2	2		
Tagschicht	3	3	3	3		3	3	3			3	3				3	3	3	3		3	3
Tagschicht		4	4	4	4			4	4	4	4				4	4	4	4		4	
Tagschicht	5	5	5		5	5	5		5	5	5	5			5	5	5	5			5	5
Tagschicht	6		6	6	6			6	6	6		6	6			6	6	6			

	Woche 4							Woche 5							Woche 6						
	Mo	Di	Mi	Do	Fr	Sa	So	Mo	Di	Mi	Do	Fr	Sa	So	Mo	Di	Mi	Do	Fr	Sa	So
Tagschicht		1	1	1	1				1	1	1	1			1	1		1	1		
Tagschicht	2	2	2		2	2	2			2	2	2	2		2	2	2	2			2	2
Tagschicht	3		3	3	3				3	3	3	3			3	3	3	3			
Tagschicht	4	4	4	4		4	4		4			4	4	4	4	4		4	4		4	4
Tagschicht	5	5		5	5			5	5	5	5		5	5		5	5	5			
Tagschicht	6	6	6	6		6	6	6		6	6		6	6	6	6			6	6

5:4-Systeme – Besetzungszahl 1,25

Auch solche Rolliersysteme kommen im 1-Schichtbetrieb häufig zum Einsatz – z. B. das in nachfolgender Abbildung vorgestellte mit einem 4-Tage-Freizeit-Block immer nach 2 bzw. 1 + 2/2 Arbeitswochen.

```
              Mo Di Mi Do Fr Sa So
      Woche 1  F  F  F  F  F  F  -
      Woche 2  F  F  F  F  F  F  -
      Woche 3  -  -  -  F  F  F  -
      Woche 4  F  F  F  F  F  F  -
      Woche 5  F  F  F  -  -  -  -
```

	Woche 1							Woche 2							Woche 3						
	Mo	Di	Mi	Do	Fr	Sa	So	Mo	Di	Mi	Do	Fr	Sa	So	Mo	Di	Mi	Do	Fr	Sa	So
Frühschicht	1	1	1	1	1	1		1	1	1	1	1	1					1	1	1	
Frühschicht	2	2	2					2	2	2	2	2			2	2	2	2	2		
Frühschicht	3	3	3	3	3	3		3	3	3					3	3	3	3	3	3	
Frühschicht				4	4	4		4	4	4	4	4			4	4	4				
Frühschicht	5	5	5	5	5	5					5	5	5		5	5	5	5	5	5	

	Woche 4							Woche 5						
	Mo	Di	Mi	Do	Fr	Sa	So	Mo	Di	Mi	Do	Fr	Sa	So
Frühschicht	1	1	1	1	1	1		1	1	1				
Frühschicht				2	2	2		2	2	2	2	2		
Frühschicht	3	3	3	3	3						3	3	3	
Frühschicht	4	4	4	4	4			4	4	4	4	4		
Frühschicht	5	5						5	5	5	5	5		

4:3-Systeme – Besetzungszahl 1,33

Hierfür möchte ich als Beispiel ein weiteres Rolliersystem mit superlangem Wochenende alle 4 Wochen vorstellen – siehe nachfolgende

Abbildung. Von den 4 Teams sind hierin an den 6 Betriebstagen immer 3 eingeplant – mit der Besonderheit, dass es von Freitag bis Dienstag keine Besetzungs-Wechsel gibt. Die Mitarbeiter*innen arbeiten durchschnittlich 4,5 Tage pro Woche, was bei üblichen Regelarbeitszeitdauern Tages-Vertragsarbeitszeiten in der Größenordnung von 8,5 h erfordert.

```
         Mo Di Mi Do Fr Sa So
Woche 1   -  -  T  T  T  T  -
Woche 2   T  T  -  T  T  T  -
Woche 3   T  T  T  -  T  T  -
Woche 4   T  T  T  T  -  -  -
```

	Woche 1							Woche 2							Woche 3							Woche 4						
	Mo	Di	Mi	Do	Fr	Sa	So	Mo	Di	Mi	Do	Fr	Sa	So	Mo	Di	Mi	Do	Fr	Sa	So	Mo	Di	Mi	Do	Fr	Sa	So
Tagschicht			1	1	1	1		1	1		1	1	1		1	1	1		1	1		1	1	1	1			
Tagschicht	2	2	2	2						2	2	2	2		2	2		2	2	2		2	2	2		2	2	
Tagschicht	3	3	3		3	3		3	3	3	3						3	3	3	3		3	3		3	3	3	
Tagschicht	4	4		4	4	4		4	4	4		4	4		4	4	4	4						4	4	4	4	

3:2-Systeme – Besetzungszahl 1,50

Als erstes Beispiel hierfür möchte ich in nachfolgender Abbildung eine Kombination aus 6-Tage-Betriebs- und regelmäßiger 4-Tage-Arbeitswoche vorstellen. In diesem Schichtsystem sind an allen Betriebstagen immer 2 der 3 Teams eingeplant, wobei im Besetzungsplan-Beispiel Team 3 als Arbeitsplatzgruppen-Springer fungiert. Der Schichtplan weist alle 3 Wochen ein superlanges Wochenende auf. Bei z. B. 9 h Vertragsarbeitszeit pro Schicht ist hierin wöchentlich stets 36 h Arbeitszeit zu leisten.

```
         Mo Di Mi Do Fr Sa So
Woche 1   T  T  T  T  -  -  -
Woche 2   -  -  T  T  T  T  -
Woche 3   T  T  -  -  T  T  -
```

	Woche 1							Woche 2							Woche 3						
	Mo	Di	Mi	Do	Fr	Sa	So	Mo	Di	Mi	Do	Fr	Sa	So	Mo	Di	Mi	Do	Fr	Sa	So
Tagschicht	1	1	1	1	3	3		3	3	1	1	1	1		1	1	3	3	1	1	
Tagschicht	2	2	3	3	2	2		2	2	2	2	3	3		3	3	2	2	2	2	

Nachfolgende Abbildung zeigt ein weiteres Beispiel: ein bei Mitarbeiter*innen oft sehr beliebtes 3:2-System für den 7-Tage-Betrieb, in dem immer 7 Tage in Folge zu arbeiten ist mit dazwischen abwechselnd 3 und 4 freien Tagen („7–3–7–4"). Bei der hiermit erreichten durchschnittlichen 4,67-Tage-Woche wird bei üblichen Regelarbeitszeiten eine Tages-Vertragsarbeit in der Größenordnung von 8 h benötigt.

	Mo	Di	Mi	Do	Fr	Sa	So
Woche 1	T	T	T	T	T	T	T
Woche 2	-	-	-	T	T	T	T
Woche 3	T	T	T	-	-	-	-

	Woche 1							Woche 2							Woche 3						
	Mo	Di	Mi	Do	Fr	Sa	So	Mo	Di	Mi	Do	Fr	Sa	So	Mo	Di	Mi	Do	Fr	Sa	So
Tagschicht	1	1	1	1	1	1	1	3	3	3	1	1	1	1	1	1	1	3	3	3	3
Tagschicht	2	2	2	3	3	3	3	2	2	2	2	2	2	2	3	3	3	2	2	2	2

Alternativ wären im letztgenannten Fall aber auch arithmetische Schichtpläne mit kürzeren Arbeitsphasen möglich mit immer doppelt so vielen Arbeits- wie freien Tagen in Folge – z. B. mit stets 4 Arbeits- und 2 freien Tagen; statt Tagschichten – wie in nachfolgender Abbildung – könnten hier natürlich auch andere Schichtlagen stehen.

	Mo	Di	Mi	Do	Fr	Sa	So
Woche 1	T	T	T	T	-	-	T
Woche 2	T	T	T	-	-	T	T
Woche 3	T	T	-	-	T	T	T
Woche 4	T	-	-	T	T	T	T
Woche 5	-	-	T	T	T	T	-
Woche 6	-	T	T	T	T	-	-

	Woche 1							Woche 2							Woche 3						
	Mo	Di	Mi	Do	Fr	Sa	So	Mo	Di	Mi	Do	Fr	Sa	So	Mo	Di	Mi	Do	Fr	Sa	So
Tagschicht	1	1	1	1	5	5	1	1	1	1	5	5	1	1	1	1	5	5	1	1	1
Tagschicht	6	2	2	2	2	6	6	2	2	2	2	6	6	2	2	2	2	6	6	2	2
Tagschicht	5	5	3	3	3	3	5	5	3	3	3	3	5	5	3	3	3	3	5	5	3
Tagschicht	4	6	6	4	4	4	4	6	6	4	4	4	4	6	6	4	4	4	4	6	6

	Woche 4							Woche 5							Woche 6						
	Mo	Di	Mi	Do	Fr	Sa	So	Mo	Di	Mi	Do	Fr	Sa	So	Mo	Di	Mi	Do	Fr	Sa	So
Tagschicht	1	5	5	1	1	1	1	5	5	1	1	1	1	5	5	1	1	1	1	5	5
Tagschicht	2	2	6	6	2	2	2	2	6	6	2	2	2	2	6	6	2	2	2	2	6
Tagschicht	3	3	3	5	5	3	3	3	3	5	5	3	3	3	3	5	5	3	3	3	3
Tagschicht	4	4	4	4	6	6	4	4	4	4	4	6	6	4	4	4	4	6	6	4	4

Der Besetzungsplan zeigt, dass Team 5 ganz regelmäßig zur Vertretung der Teams 1 und 3 eingeplant werden kann und Team 6 entsprechend zur Vertretung der Teams 2 und 4. Wie stets gibt es aber hier auch andere Möglichkeiten.

5:3-Systeme – Besetzungszahl 1,67

Solche MBS kommen grundsätzlich nur bei 7-Tage-Betriebswoche und relativ langen Arbeitszeitdauern pro Schicht infrage – wie im Beispiel in nachfolgender Abbildung mit Tagschichten à 9 h Arbeitszeit, die in einem arithmetischen Schichtplan mit der 10-Tage-Folge T T T T – T T – – – geleistet werden, was zu einer schichtplanmäßigen Arbeitszeit von durchschnittlich 37 h 48 min/w führt. Die 5 Teams steigen in diesen Schichtplan 2wochenweise versetzt ein – also Team 1 wie stets in Woche 1, Team 2 in Woche 3, etc.

	Mo	Di	Mi	Do	Fr	Sa	So
Woche 1	T	T	T	T	-	T	T
Woche 2	-	-	-	T	T	T	T
Woche 3	-	T	T	-	-	-	T
Woche 4	T	T	T	-	T	T	-
Woche 5	-	-	T	T	T	T	-
Woche 6	T	T	-	-	-	T	T
Woche 7	T	T	-	T	T	-	-
Woche 8	-	T	T	T	T	-	T
Woche 9	T	-	-	-	T	T	T
Woche 10	T	-	T	T	-	-	-

	Woche 1							Woche 2							Woche 3							Woche 4						
	Mo	Di	Mi	Do	Fr	Sa	So	Mo	Di	Mi	Do	Fr	Sa	So	Mo	Di	Mi	Do	Fr	Sa	So	Mo	Di	Mi	Do	Fr	Sa	So
Tagschicht	1	1	1	1	4	1	1	4	4	5	1	1	1	1	4	1	1	4	4	5	1	1	1	1	4	1	1	4
Tagschicht	2	5	4	4	2	2	2	2	5	2	2	5	4	4	2	2	5	2	2	5	2	5	4	4	2	2	2	2
Tagschicht	3	3	5	3	3	4	5	5	3	3	3	3	5	3	3	4	5	3	3	3	3	3	5	3	3	4	5	5

	Woche 5							Woche 6							Woche 7							Woche 8						
	Mo	Di	Mi	Do	Fr	Sa	So	Mo	Di	Mi	Do	Fr	Sa	So	Mo	Di	Mi	Do	Fr	Sa	So	Mo	Di	Mi	Do	Fr	Sa	So
Tagschicht	4	5	1	1	1	1	4	1	1	4	4	5	1	1	1	1	4	1	1	4	4	5	1	1	1	1	4	1
Tagschicht	5	2	2	5	4	4	2	2	2	2	2	2	5	2	2	5	4	4	2	2	2	2	5	2	2	5	4	4
Tagschicht	3	3	3	3	5	3	3	4	5	5	3	3	3	3	5	3	3	3	3	5	3	3	4	5	5	3	3	3

	Woche 9							Woche 10						
	Mo	Di	Mi	Do	Fr	Sa	So	Mo	Di	Mi	Do	Fr	Sa	So
Tagschicht	1	4	4	5	1	1	1	1	4	1	1	4	4	5
Tagschicht	2	2	5	2	2	5	4	4	2	2	2	2	5	2
Tagschicht	5	5	3	3	3	3	5	3	3	4	5	5	3	3

Wenn die 3 Zeilen im Besetzungsplan für unterschiedliche Arbeitsplatzgruppen stehen, müssen nur die Teams 4 und 5 zwischen diesen Gruppen wechseln, wobei Team 4 nur einmal in 10 Tagen die dritte und Team 5 nur einmal in 10 Tagen die erste Arbeitsplatzgruppe besetzen muss. Wie stets sind aber auch hier andere Arbeitsplatz-Zuordnungen möglich.

Abschließend nun noch ein kalendarisches Gegenstück für diese (seltene) Konstellation, in dem die zugrunde gelegte 5-Tage-Folge T T T – – zu Gunsten größerer Wochenendfreundlichkeit des Schichtplans geringfügig, aber sehr wirksam (nämlich mit dem Effekt eines verlängerten Wochenendes in Woche 3) modifiziert worden ist – siehe nachfolgende Abbildung. Der Besetzungsplan zeigt, dass dann, wenn die Tagschicht-Zeilen für Arbeitsplatzgruppen stehen, nur die Teams 4 und 5 mehr als eine dieser Gruppen besetzen müssen – und dass dabei Team 4 nur zwischen der dritten und der zweiten und Team 5 nur zwischen der ersten und der zweiten Arbeitsplatzgruppe wechselt.

	Mo	Di	Mi	Do	Fr	Sa	So
Woche 1	T	T	T	-	-	T	T
Woche 2	T	-	-	T	T	T	T
Woche 3	-	T	T	T	-	-	-
Woche 4	T	T	-	-	T	T	T
Woche 5	-	-	T	T	T	-	-

	Woche 1							Woche 2							Woche 3						
	Mo	Di	Mi	Do	Fr	Sa	So	Mo	Di	Mi	Do	Fr	Sa	So	Mo	Di	Mi	Do	Fr	Sa	So
Tagschicht	1	1	1	5	5	1	1	1	5	5	1	1	1	1	5	1	1	1	5	5	5
Tagschicht	5	4	2	2	2	5	5	2	2	2	5	4	2	2	2	5	4	2	2	2	2
Tagschicht	3	3	4	4	3	3	3	4	4	3	3	3	4	4	3	3	3	4	4	3	3

	Woche 4							Woche 5						
	Mo	Di	Mi	Do	Fr	Sa	So	Mo	Di	Mi	Do	Fr	Sa	So
Tagschicht	1	1	5	5	1	1	1	5	5	1	1	1	5	5
Tagschicht	4	2	2	2	5	4	4	2	2	5	4	2	2	2
Tagschicht	3	4	4	3	3	3	3	4	3	3	3	4	4	4

6.3 2:1-Systeme – Besetzungszahl 2,00

Das wichtigste 2:1-System ist natürlich das klassische 2-Schichtsystem mit abwechselnd Früh- und Spätschichtwoche – im Beispiel in nachfolgender Abbildung von Montag bis Freitag. Ebenso wie im 1:1-System sind hier aber auch reguläre 6- und 4-Tage-Wochen ebenso möglich wie flexible Zusatzschichten an schichtplanmäßig freien Tagen, wobei jedoch die Sonntag-Spätschicht ggf. immer vor der Spätschichtwoche liegen muss, weil sonst die gesetzliche Mindestruhezeit verletzt wird.

	Mo	Di	Mi	Do	Fr	Sa	So
Woche 1	F	F	F	F	F	-	-
Woche 2	S	S	S	S	S	-	-

	Woche 1							Woche 2						
	Mo	Di	Mi	Do	Fr	Sa	So	Mo	Di	Mi	Do	Fr	Sa	So
Frühschicht	1	1	1	1	1			2	2	2	2	2		
Spätschicht	2	2	2	2	2			1	1	1	1	1		

Darüber hinaus kann aus diesem 2:1-System heraus im Rahmen der Wochenplanung auch eine Nachtschicht geringer Stärke flexibel besetzt werden, wie dies besonders bei stark schwankendem Auftragsvolumen sinnvoll sein kann. Die Nachtschicht-Besetzung erfolgt dann aus beiden Teams („Delegations-Prinzip"), was als Nebeneffekt besonders gute Möglichkeiten hinsichtlich der Berücksichtigung unterschiedlicher Arbeitszeitpräferenzen der Mitarbeiter*innen mit sich bringt.

2:1-Systeme gibt es aber auch im 1-Schichtbetrieb; hier stellen sie sich als eine Art Job-sharing dar. Dabei folgt grundsätzlich immer dieselbe Zahl von Arbeits- und freien Tagen aufeinander, sodass ein arithmetischer Schichtplan gegeben ist. Nachfolgende Abbildung zeigt ein Schichtplan-Beispiel aus dem 6-Tage-Betrieb mit immer 6 Arbeitstagen (nebst arbeitsfreiem Sonntag) und 6 freien Tagen (ebenfalls nebst arbeitsfreiem Sonntag) in Folge, der sich wegen des zugrunde liegenden Wochen-Rhythmus' nicht erst – wie dies bei einem arithmetischen Schichtplan sonst gegeben wäre – nach 14, sondern bereits nach 2 Wochen wiederholt. Wegen der 3-Tage-Woche wird hier aber nur eine entsprechend niedrige schichtplanmäßige Arbeitszeit erreicht.

	Mo	Di	Mi	Do	Fr	Sa	So
Woche 1	-	-	-	T	T	T	-
Woche 2	T	T	T	-	-	-	-

	Woche 1							Woche 2						
	Mo	Di	Mi	Do	Fr	Sa	So	Mo	Di	Mi	Do	Fr	Sa	So
Tagschicht	2	2	2	1	1	1		1	1	1	2	2	2	

Und hier – in nachfolgender Abbildung – noch ein analoges Beispiel mit immer 3 Arbeits- und freien Tagen in Folge für die Dauernachtschicht (oder auch in anderer Arbeitszeitlage) an allen Tagen und einer daher etwas höheren schichtplanmäßigen Arbeitszeit, das dementsprechend einen 6-Wochen-Zyklus zur Folge hat. Der Besetzungsplan zeigt, dass die beiden Teams 3wochenweise versetzt in den Schichtplan einsteigen – vorliegend in den Wochen 1 und 4.

Sollen aus den beiden Teams heraus zumindest gelegentlich gegenseitige Vertretungen möglich sein, bereiten diesbezüglich die dann ggf. in der Luft hängenden Zusatzschichten an den mittleren freien Tage Probleme – die im im folgenden Kapitel gleich zu Beginn vorgestellten 6:3-System nicht bestehen, obwohl hier derselbe Schichtplan zum Einsatz kommt (!).

```
              Mo Di Mi Do Fr Sa So
    Woche 1    N  N  N  -  -  -  N
    Woche 2    N  N  -  -  -  N  N
    Woche 3    N  -  -  -  N  N  N
    Woche 4    -  -  -  N  N  N  -
    Woche 5    -  -  N  N  N  -  -
    Woche 6    -  N  N  N  -  -  -
```

	Woche 1							Woche 2							Woche 3						
	Mo	Di	Mi	Do	Fr	Sa	So	Mo	Di	Mi	Do	Fr	Sa	So	Mo	Di	Mi	Do	Fr	Sa	So
Nachtschicht	1	1	1	2	2	2	1	1	1	2	2	2	1	1	1	2	2	2	1	1	1

	Woche 4							Woche 5							Woche 6						
	Mo	Di	Mi	Do	Fr	Sa	So	Mo	Di	Mi	Do	Fr	Sa	So	Mo	Di	Mi	Do	Fr	Sa	So
Nachtschicht	2	2	2	1	1	1	1	2	2	2	1	1	1	2	2	2	1	1	1	2	2

6.4 MBS mit einer Besetzungszahl von 2,00 bis unter 3,00

6:3-Systeme – Besetzungszahl 2,00

Dem hierfür gewählten Beispiel liegt derselbe Schichtplan wie im zuletzt vorgestellten 2:1-System zugrunde – nur dass es sich hier um ein MBS Typ 2 handelt, in dem 6 Teams eingesetzt werden, die daher bei gleichem Besetzungsbedarf jeweils 1/3 so groß sind wie die beiden Teams im obigen 2:1-System und die, wie nachfolgende Abbildung zeigt, in diesen Schichtplan wochenweise versetzt einsteigen.

```
              Mo Di Mi Do Fr Sa So
    Woche 1    N  N  N  -  -  -  N
    Woche 2    N  N  -  -  -  N  N
    Woche 3    N  -  -  -  N  N  N
    Woche 4    -  -  -  N  N  N  -
    Woche 5    -  -  N  N  N  -  -
    Woche 6    -  N  N  N  -  -  -
```

	Woche 1							Woche 2							Woche 3						
	Mo	Di	Mi	Do	Fr	Sa	So	Mo	Di	Mi	Do	Fr	Sa	So	Mo	Di	Mi	Do	Fr	Sa	So
Nachtschicht	1	1	1	4	4	4	1	1	1	4	4	4	1	1	1	4	4	4	1	1	1
Nachtschicht	5	2	2	2	5	5	5	2	2	2	5	5	5	2	2	2	5	5	5	2	2
Nachtschicht	6	6	3	3	3	6	6	6	3	3	3	6	6	6	3	3	3	6	6	6	3

	Woche 4							Woche 5							Woche 6						
	Mo	Di	Mi	Do	Fr	Sa	So	Mo	Di	Mi	Do	Fr	Sa	So	Mo	Di	Mi	Do	Fr	Sa	So
Nachtschicht	4	4	4	1	1	1	4	4	4	1	1	1	4	4	4	1	1	1	4	4	4
Nachtschicht	2	5	5	5	2	2	2	5	5	5	2	2	2	5	5	5	2	2	2	5	5
Nachtschicht	3	3	6	6	6	3	3	3	6	6	6	3	3	3	6	6	6	3	3	3	6

Aus dem Besetzungsplan-Beispiel ist ersichtlich, dass a) sich die Teams 1 und 4, 2 und 5 und 3 und 6 auf denselben Arbeitsplätzen abwechseln (also grundsätzlich nicht zusammenarbeiten), b) an jedem Tag ein Team ausgewechselt wird, sodass eine entsprechend hohe Besetzungskontinuität gegeben ist, und c) auch an den mittleren Tagen der Freizeit-Blöcke dann bei individuell maximal 4 Schichten in Folge und ohne isolierte Arbeitstage Zusatzschichten zur Vertretung geleistet werden können, wenn der/die Vertreter*in nicht auf seinem/ihrem üblichen Arbeitsplatz eingesetzt wird (oder eine andere Lösung mit Arbeitsplatzwechsel gefunden werden kann).

2 × 6:5-Systeme – Besetzungszahl 2,40
Als Beispiel hierfür möchte ich ein MBS Typ 1 vorstellen, das eine Kombination von 6-Tage-2-Schichtbetrieb und durchschnittlicher 5-Tage-Arbeitswoche mittels einer halben Freiwoche in jeder 3. Woche bietet. Dazu werden die beiden Teams 1 und 2 in jeweils 6 Teil-Teams 11–16 bzw. 21–26 aufgeteilt, die im 12-Wochen-Schichtplan in nachfolgender Abbildung in den geraden bzw. ungeraden Wochen starten. Der Beispiel-Besetzungsplan zeigt, dass hier die Teil-Teams 16 und 26 alle anderen Teil-Teams an ihren Arbeitsplätzen vertreten – was selbstverständlich auch anders geregelt werden kann.

	Mo	Di	Mi	Do	Fr	Sa	So
Woche 1	F	F	F	F	F	F	-
Woche 2	S	S	S	S	S	S	-
Woche 3	F	F	F	-	-	-	-
Woche 4	S	S	S	S	S	S	-
Woche 5	F	F	F	F	F	F	-
Woche 6	-	-	-	S	S	S	-
Woche 7	F	F	F	F	F	F	-
Woche 8	S	S	S	S	S	S	-
Woche 9	-	-	-	F	F	F	-
Woche 10	S	S	S	S	S	S	-
Woche 11	F	F	F	F	F	F	-
Woche 12	S	S	S	-	-	-	-

	Woche 1							Woche 2							Woche 3							Woche 4						
	Mo	Di	Mi	Do	Fr	Sa	So	Mo	Di	Mi	Do	Fr	Sa	So	Mo	Di	Mi	Do	Fr	Sa	So	Mo	Di	Mi	Do	Fr	Sa	So
Frühschicht	11	11	11	11	11	11		21	21	21	21	21	21		11	11	11	16	16	16		21	21	21	26	26	26	
Frühschicht	12	12	12	12	12	12		22	22	22	22	22	22		12	12	12	12	12	12		22	22	22	22	22	22	
Frühschicht	16	16	16	13	13	13		26	26	26	23	23	23		13	13	13	13	13	13		23	23	23	23	23	23	
Frühschicht	14	14	14	14	14	14		24	24	24	24	24	24		16	16	16	14	14	14		26	26	26	24	24	24	
Frühschicht	15	15	15	15	15	15		25	25	25	25	25	25		15	15	15	15	15	15		25	25	25	25	25	25	
Spätschicht	21	21	21	26	26	26		11	11	11	11	11	11		21	21	21	21	21	21		11	11	11	11	11	11	
Spätschicht	22	22	22	22	22	22		12	12	12	16	16	16		22	22	22	26	26	26		12	12	12	12	12	12	
Spätschicht	23	23	23	23	23	23		13	13	13	13	13	13		23	23	23	23	23	23		13	13	13	16	16	16	
Spätschicht	26	26	26	24	24	24		14	14	14	14	14	14		24	24	24	24	24	24		14	14	14	14	14	14	
Spätschicht	25	25	25	25	25	25		16	16	16	15	15	15		26	26	26	25	25	25		15	15	15	15	15	15	

	Woche 5							Woche 6							Woche 7							Woche 8						
	Mo	Di	Mi	Do	Fr	Sa	So	Mo	Di	Mi	Do	Fr	Sa	So	Mo	Di	Mi	Do	Fr	Sa	So	Mo	Di	Mi	Do	Fr	Sa	So
Frühschicht	11	11	11	11	11	11		21	21	21	26	26	26		11	11	11	11	11	11		21	21	21	21	21	21	
Frühschicht	12	12	12	16	16	16		22	22	22	26	26	26		12	12	12	12	12	12		22	22	22	22	22	22	
Frühschicht	13	13	13	13	13	13		23	23	23	23	23	23		13	13	13	16	16	16		23	23	23	26	26	26	
Frühschicht	14	14	14	14	14	14		24	24	24	24	24	24		14	14	14	14	14	14		24	24	24	24	24	24	
Frühschicht	16	16	16	15	15	15		26	26	26	25	25	25		15	15	15	15	15	15		25	25	25	25	25	25	
Spätschicht	21	21	21	21	21			16	16	16	11	11	11		26	26	26	21	21	21		11	11	11	11	11	11	
Spätschicht	22	22	22	22	22	22		12	12	12	12	12	12		22	22	22	22	22	22		16	16	16	12	12	12	
Spätschicht	23	23	23	26	26	26		13	13	13	13	13	13		23	23	23	23	23	23		13	13	13	13	13	13	
Spätschicht	24	24	24	24	24	24		14	14	14	16	16	16		24	24	24	26	26	26		14	14	14	14	14	14	
Spätschicht	25	25	25	25	25	25		15	15	15	15	15	15		25	25	25	25	25	25		15	15	15	16	16	16	

	Woche 9							Woche 10							Woche 11							Woche 12						
	Mo	Di	Mi	Do	Fr	Sa	So	Mo	Di	Mi	Do	Fr	Sa	So	Mo	Di	Mi	Do	Fr	Sa	So	Mo	Di	Mi	Do	Fr	Sa	So
Frühschicht	16	16	16	11	11	11		26	26	26	21	21	21		11	11	11	11	11	11		21	21	21	21	21	21	
Frühschicht	12	12	12	12	12	12		22	22	22	22	22	22		16	16	16	12	12	12		26	26	26	22	22	22	
Frühschicht	13	13	13	13	13	13		23	23	23	23	23	23		13	13	13	13	13	13		23	23	23	23	23	23	
Frühschicht	14	14	14	16	16	16		24	24	24	26	26	26		14	14	14	14	14	14		24	24	24	24	24	24	
Frühschicht	15	15	15	15	15	15		25	25	25	25	25	25		15	15	15	16	16	16		25	25	25	26	26	26	
Spätschicht	21	21	21	21	21	21		11	11	11	11	11	11		21	21	21	21	21	21		11	11	11	16	16	16	
Spätschicht	26	26	26	22	22	22		12	12	12	12	12	12		22	22	22	22	22	22		12	12	12	12	12	12	
Spätschicht	23	23	23	23	23	23		16	16	16	13	13	13		26	26	26	23	23	23		13	13	13	13	13	13	
Spätschicht	24	24	24	24	24	24		14	14	14	14	14	14		24	24	24	24	24	24		16	16	16	14	14	14	
Spätschicht	25	25	25	26	26	26		15	15	15	15	15	15		25	25	25	25	25	25		15	15	15	15	15	15	

An diesem Beispiel werden die beiden wichtigsten Probleme der MBS Typ 1 deutlich: lang laufende und unübersichtliche Schichtpläne sowie relativ viele einzubeziehende Mitarbeiter*innen. Die Teil-Teams könnten hier zwar theoretisch auch nur aus jeweils 1 Mitarbeiter*in bestehen; allerdings schlagen bei kleinen Teil-Teams die in solchen MBS kaum vermeidbaren ungleichmäßigen Teil-Team-Besetzungen besonders stark auf die Gesamt-Schichtbesetzung durch. Daher sollte in solchen Fällen stets erwogen werden, statt eines MBS ein personell gleich besetztes 2:1-System mit flexibler Freischichten-Verplanung – z. B. mittels Zeitfenstern (siehe hierzu **Abschn. 5.5**) – einzuführen.

5:2-Systeme – Besetzungszahl 2,50
Dies sind MBS Typ 2, bei denen also zumindest ein Teil der Schichten durch mehrere Teams besetzt wird. Hier zunächst – siehe nachfolgende Abbildung – ein einfaches solches System für den 5-Tage-3-Schichtbetrieb mit planmäßig hälftiger Besetzung der Nachtschicht.

	Mo	Di	Mi	Do	Fr	Sa	So
Woche 1	F	F	F	F	F	-	-
Woche 2	S	S	S	S	S	-	-
Woche 3	F	F	F	F	F	-	-
Woche 4	S	S	S	S	S	-	-
Woche 5	N	N	N	N	N	-	-

	Woche 1							Woche 2							Woche 3						
	Mo	Di	Mi	Do	Fr	Sa	So	Mo	Di	Mi	Do	Fr	Sa	So	Mo	Di	Mi	Do	Fr	Sa	So
Frühschicht	1	1	1	1	1			2	2	2	2	2			1	1	1	1	1		
Frühschicht	4	4	4	4	4			5	5	5	5	5			3	3	3	3	3		
Spätschicht	5	5	5	5	5			1	1	1	1	1			2	2	2	2	2		
Spätschicht	3	3	3	3	3			4	4	4	4	4			5	5	5	5	5		
Nachtschicht	2	2	2	2	2			3	3	3	3	3			4	4	4	4	4		

	Woche 4							Woche 5						
	Mo	Di	Mi	Do	Fr	Sa	So	Mo	Di	Mi	Do	Fr	Sa	So
Frühschicht	2	2	2	2	2			5	5	5	5	5		
Frühschicht	4	4	4	4	4			3	3	3	3	3		
Spätschicht	1	1	1	1	1			2	2	2	2	2		
Spätschicht	3	3	3	3	3			4	4	4	4	4		
Nachtschicht	5	5	5	5	5			1	1	1	1	1		

Der 5-Wochen-Schichtzyklus enthält jeweils doppelt so viele Früh- und Spät- wie Nachtschichten, wodurch die beiden erstgenannten Schichten mit jeweils 2 Teams und die Nachtschicht mit 1 Team besetzt wird. Dabei arbeitet jedes Team immer 2 Wochen lang abwechselnd mit 2 anderen Teams zusammen, woran sich die Nachtschicht-Woche anschließt – z. B. Team 1 mit den Teams 4 und 3, Team 2 mit den Teams 5 und 4, etc. Im Beispiel-Besetzungsplan muss nur Team 5 die Arbeitsplatzgruppe wechseln und arbeitet dabei jeweils 2 Wochen am Stück auf denselben Arbeitsplätzen.

Die hälftige Besetzung der Nachtschicht kann aber auch mit einem MBS Typ 1 erreicht werden – siehe das im folgenden Abschnitt vorgestellte 2×5:4-System.

Abschließend nun noch ein 5:2-System für den 2-Schichtbetrieb mit hälftiger Besetzung der Wochenendschichten – siehe nachfolgende Abbildung. Hierin wird maximal 4 Tage in Folge gearbeitet, wobei in den Arbeits-Blöcken nur einmal mehr als 2 Schichten gleicher Lage vorkommen. Der Besetzungsplan zeigt, dass unter der Woche nur Team 5 zwischen den Zeilen = ggf. Arbeitsplatzgruppen springen muss. Am Wochenende müssen aber natürlich alle Teams in der Lage sein, die hier zu besetzenden Arbeitsplätze allein abzudecken.

	Mo	Di	Mi	Do	Fr	Sa	So
Woche 1	F	F	S	S	-	F	F
Woche 2	S	S	-	F	F	-	-
Woche 3	-	F	F	S	S	-	-
Woche 4	F	S	S	-	F	S	S
Woche 5	S	-	F	F	S	-	-

	Woche 1							Woche 2							Woche 3						
	Mo	Di	Mi	Do	Fr	Sa	So	Mo	Di	Mi	Do	Fr	Sa	So	Mo	Di	Mi	Do	Fr	Sa	So
Frühschicht	1	1	2	2	5	1	1	2	2	5	1	1	2	2	5	1	1	2	2	3	3
Frühschicht	3	4	4	5	3			4	5	3	3	4			3	3	4	4	5		
Spätschicht	2	5	1	1	2	3	3	1	1	2	2	5	4	4	2	2	5	1	1	5	5
Spätschicht	5	3	3	4	4			3	4	4	5	3			4	5	3	3	4		

	Woche 4							Woche 5						
	Mo	Di	Mi	Do	Fr	Sa	So	Mo	Di	Mi	Do	Fr	Sa	So
Frühschicht	1	2	2	5	1	4	4	2	5	1	1	2	5	5
Frühschicht	4	4	5	3	3			5	3	3	4	4		
Spätschicht	5	1	1	2	2	1	1	1	2	2	5	1	2	2
Spätschicht	3	3	4	4	5			4	4	5	3	3		

2×5:4-Systeme – Besetzungszahl 2,50

Hier soll ein Beispiel für 2 Teams mit jeweils 5 Teil-Teams vorgestellt werden, mit dem ebenso wie im obigen ersten 5:2-System im 5-Tage-3-Schichtbetrieb die Nachtschicht hälftig besetzt wird – siehe nachfolgende Abbildung. Im Schichtplan wird grundsätzlich zwischen Früh- und Spätschichtwoche gewechselt, wobei alle 5 Wochen an die Stelle der Früh- bzw. Spätschicht- eine Nachtschichtwoche tritt. Dadurch arbeiten die Mitarbeiter*innen in einem regelmäßigeren Rhythmus als im obigen 5:2-System. Die Teil-Teams 11–15 bzw. 21–25 der beiden Teams starten hierin 2wochenweise versetzt in den ungeraden bzw. geraden Schichtplan-Wochen.

6 Alle einfachen Schichtsysteme ...   85

	Mo	Di	Mi	Do	Fr	Sa	So
Woche 1	F	F	F	F	F	-	-
Woche 2	S	S	S	S	S	-	-
Woche 3	F	F	F	F	F	-	-
Woche 4	S	S	S	S	S	-	-
Woche 5	N	N	N	N	N	-	-
Woche 6	F	F	F	F	F	-	-
Woche 7	S	S	S	S	S	-	-
Woche 8	F	F	F	F	F	-	-
Woche 9	S	S	S	S	S	-	-
Woche 10	N	N	N	N	N	-	-

	Woche 1							Woche 2							Woche 3							Woche 4						
	Mo	Di	Mi	Do	Fr	Sa	So	Mo	Di	Mi	Do	Fr	Sa	So	Mo	Di	Mi	Do	Fr	Sa	So	Mo	Di	Mi	Do	Fr	Sa	So
Frühschicht	11	11	11	11	11			21	21	21	21	21			11	11	11	11	11			21	21	21	21	21		
Frühschicht	12	12	12	12	12			22	22	22	22	22			12	12	12	12	12			22	22	22	22	22		
Frühschicht	13	13	13	13	13			23	23	23	23	23			13	13	13	13	13			23	23	23	23	23		
Frühschicht	15	15	15	15	15			25	25	25	25	25			14	14	14	14	14			24	24	24	24	24		
Spätschicht	25	25	25	25	25			11	11	11	11	11			21	21	21	21	21			11	11	11	11	11		
Spätschicht	22	22	22	22	22			15	15	15	15	15			25	25	25	25	25			12	12	12	12	12		
Spätschicht	23	23	23	23	23			13	13	13	13	13			23	23	23	23	23			15	15	15	15	15		
Spätschicht	24	24	24	24	24			14	14	14	14	14			24	24	24	24	24			14	14	14	14	14		
Nachtschicht	14	14	14	14	14			12	12	12	12	12			15	15	15	15	15			13	13	13	13	13		
Nachtschicht	21	21	21	21	21			24	24	24	24	24			22	22	22	22	22			25	25	25	25	25		

	Woche 5							Woche 6							Woche 7							Woche 8						
	Mo	Di	Mi	Do	Fr	Sa	So	Mo	Di	Mi	Do	Fr	Sa	So	Mo	Di	Mi	Do	Fr	Sa	So	Mo	Di	Mi	Do	Fr	Sa	So
Frühschicht	15	15	15	15	15			25	25	25	25	25			11	11	11	11	11			21	21	21	21	21		
Frühschicht	12	12	12	12	12			22	22	22	22	22			15	15	15	15	15			25	25	25	25	25		
Frühschicht	13	13	13	13	13			23	23	23	23	23			13	13	13	13	13			23	23	23	23	23		
Frühschicht	14	14	14	14	14			24	24	24	24	24			14	14	14	14	14			24	24	24	24	24		
Spätschicht	21	21	21	21	21			11	11	11	11	11			21	21	21	21	21			11	11	11	11	11		
Spätschicht	22	22	22	22	22			12	12	12	12	12			22	22	22	22	22			12	12	12	12	12		
Spätschicht	25	25	25	25	25			13	13	13	13	13			23	23	23	23	23			13	13	13	13	13		
Spätschicht	24	24	24	24	24			15	15	15	15	15			25	25	25	25	25			14	14	14	14	14		
Nachtschicht	11	11	11	11	11			14	14	14	14	14			12	12	12	12	12			15	15	15	15	15		
Nachtschicht	23	23	23	23	23			21	21	21	21	21			24	24	24	24	24			22	22	22	22	22		

	Woche 9							Woche 10						
	Mo	Di	Mi	Do	Fr	Sa	So	Mo	Di	Mi	Do	Fr	Sa	So
Frühschicht	11	11	11	11	11			21	21	21	21	21		
Frühschicht	12	12	12	12	12			22	22	22	22	22		
Frühschicht	15	15	15	15	15			25	25	25	25	25		
Frühschicht	14	14	14	14	14			24	24	24	24	24		
Spätschicht	21	21	21	21	21			15	15	15	15	15		
Spätschicht	22	22	22	22	22			12	12	12	12	12		
Spätschicht	23	23	23	23	23			13	13	13	13	13		
Spätschicht	24	24	24	24	24			14	14	14	14	14		
Nachtschicht	13	13	13	13	13			11	11	11	11	11		
Nachtschicht	25	25	25	25	25			23	23	23	23	23		

Der Beispiel-Besetzungsplan, in dem zur Vereinfachung wieder die Teil-Teams 15 bzw. 25 alle anderen Teil-Teams an ihren Arbeitsplätzen gleichmäßig vertreten, zeigt, dass in den Früh- und Spätschichten immer 4 von 5 Teil-Teams planmäßig anwesend sind und die Nachtschicht jeweils hälftig aus beiden Teams heraus besetzt wird, wobei hier immer dieselben Teil-Teams zusammenarbeiten.

8:3-Systeme – Besetzungszahl 2,67

Für dieses MBS Typ 2 möchte ich zunächst in nachfolgender Abbildung das Beispiel eines 7-Tage-2-Schichtbetriebs anführen, bei dem im Schichtplan auf 7 Arbeitstage – darunter maximal 5 Schichten gleicher Lage – immer 2 bzw. (jedes dritte Mal, und dann Freitag bis Sonntag) 3 Tage frei ist. Im 8-Wochen-Plan wird dadurch zweimal dieselbe Folge von Arbeits- und freien Tagen durchlaufen. Bei z. B. 7 h 40 min Arbeitszeit pro Schicht wird in diesem Schichtplan durchschnittlich 40 h 15 min/w Arbeitszeit erreicht, sodass die Mitarbeiter*innen bei üblichen Regelarbeitszeitdauern zusätzlich Anspruch auf individuelle Freischichten haben.

	Mo	Di	Mi	Do	Fr	Sa	So
Woche 1	F	F	S	S	S	S	S
Woche 2	-	-	F	F	F	F	F
Woche 3	S	S	-	-	F	F	F
Woche 4	S	S	S	S	-	-	-
Woche 5	F	F	F	F	S	S	S
Woche 6	-	-	F	F	S	S	S
Woche 7	S	S	-	-	F	F	F
Woche 8	F	F	S	S	-	-	-

	Woche 1							Woche 2							Woche 3							Woche 4						
	Mo	Di	Mi	Do	Fr	Sa	So	Mo	Di	Mi	Do	Fr	Sa	So	Mo	Di	Mi	Do	Fr	Sa	So	Mo	Di	Mi	Do	Fr	Sa	So
Frühschicht	1	1	8	8	3	3	3	3	3	1	1	1	1	1	3	3	6	6	1	1	1	8	8	3	3	3	3	3
Frühschicht	2	2	4	4	8	8	8	2	2	6	6	4	4	4	4	4	2	2	2	2	2	4	4	8	8	2	2	2
Frühschicht	5	5	5	5	7	7	7	6	6	5	5	8	8	8	7	7	7	7	5	5	5	5	5	7	7	6	6	6
Spätschicht	3	3	1	1	1	1	1	8	8	3	3	6	6	6	1	1	3	3	3	3	3	1	1	1	1	8	8	8
Spätschicht	6	6	2	2	4	4	4	4	4	2	2	2	2	2	8	8	4	4	6	6	6	2	2	4	4	4	4	4
Spätschicht	7	7	6	6	5	5	5	7	7	7	7	5	5	5	5	5	8	8	7	7	7	6	6	5	5	7	7	7

	Woche 5							Woche 6							Woche 7							Woche 8						
	Mo	Di	Mi	Do	Fr	Sa	So	Mo	Di	Mi	Do	Fr	Sa	So	Mo	Di	Mi	Do	Fr	Sa	So	Mo	Di	Mi	Do	Fr	Sa	So
Frühschicht	1	1	1	1	3	3	3	6	6	1	1	8	8	8	3	3	3	3	1	1	1	1	1	3	3	6	6	6
Frühschicht	6	6	4	4	4	4	4	2	2	2	2	4	4	4	8	8	2	2	6	6	6	4	4	4	4	2	2	2
Frühschicht	5	5	8	8	7	7	7	7	7	5	5	5	5	5	7	7	6	6	5	5	5	8	8	7	7	7	7	7
Spätschicht	3	3	6	6	1	1	1	3	3	3	3	1	1	1	1	1	8	8	3	3	3	3	3	1	1	1	3	3
Spätschicht	2	2	2	2	8	8	8	4	4	6	6	2	2	2	4	4	4	4	2	2	2	2	2	8	8	4	4	4
Spätschicht	7	7	5	5	5	5	5	8	8	7	7	6	6	6	5	5	7	7	7	7	7	5	5	5	5	8	8	8

Der Besetzungsplan zeigt, dass jedes Team nur in 6 der rechnerisch maximal möglichen 21 3er-Besetzungs-Kombinationen arbeitet und dabei mit 5 der 7 anderen Teams kooperiert. Dabei gibt es einen Haupt-Kooperationspartner, mit dem die einzelnen Teams planmäßig 2/3 aller Schichten teilen – dieser arbeitet 4wochenweise versetzt; dies betrifft z. B. die Teams 1 und 5 –, und 4 weitere Kooperationspartner, mit denen in planmäßig jeweils 1/3 aller Schichten zusammengearbeitet wird. Die Arbeitsplatz-Zuordnung ist im Beispiel-Besetzungsplan so optimiert, dass 2 Teams planmäßig in allen Früh- und Spätschicht-Zeilen = Arbeitsplatzgruppen eingesetzt werden – nämlich Team 6 und Team 8 – und die übrigen 3 × 2 Teams stabil immer an denselben Arbeitsplätzen.

Nun noch ein arithmetischer 8:3-Schichtplan mit immer 3 Früh- und Spätschichten in Folge und anschließend 2 freien Tagen, den ich hier deshalb vorstelle, um die Unterschiede zu einem kalendarischen Schichtplan eines MBS Typ 2 noch einmal ganz konkret herauszuarbeiten – siehe nachfolgende Abbildung. Gegenüber dem obigen kalendarischen 8:3-Schichtplan vorteilhaft ist (wie stets bei arithmetischen Schichtplänen), dass immer nur 6 Arbeitstage sowie 3 Schichten gleicher Lage in Folge gearbeitet werden muss. Dafür gibt es in 8 Wochen aber nur ein komplett freies Wochenende (Beginn nach der Freitag-Spätschicht, Ende mit der Montag-Frühschicht) – gegenüber zwei 3tägigen freien Wochenenden im kalendarischen Schichtplan, die zudem bereits nach der Donnerstag-Spätschicht beginnen.

	Mo	Di	Mi	Do	Fr	Sa	So
Woche 1	F	F	F	S	S	S	-
Woche 2	-	F	F	F	S	S	S
Woche 3	-	-	F	F	F	S	S
Woche 4	S	-	-	F	F	F	S
Woche 5	S	S	-	-	F	F	F
Woche 6	S	S	S	-	-	F	F
Woche 7	F	S	S	S	-	-	F
Woche 8	F	F	S	S	S	-	-

	Woche 1							Woche 2							Woche 3							Woche 4						
	Mo	Di	Mi	Do	Fr	Sa	So	Mo	Di	Mi	Do	Fr	Sa	So	Mo	Di	Mi	Do	Fr	Sa	So	Mo	Di	Mi	Do	Fr	Sa	So
Frühschicht	1	1	1	7	7	4	4	4	1	1	1	7	7	4	4	4	1	1	1	7	7	4	4	4	1	1	1	7
Frühschicht	2	2	7	8	5	5	5	2	2	2	7	8	5	5	5	2	2	2	7	8	5	5	5	2	2	2	7	8
Frühschicht	3	8	8	6	6	6	3	3	3	8	8	6	6	6	3	3	3	8	8	6	6	6	3	3	3	8	8	6
Spätschicht	4	4	4	1	1	1	7	7	4	4	4	1	1	1	7	7	4	4	4	1	1	1	7	7	4	4	4	1
Spätschicht	5	5	2	2	2	7	8	5	5	5	2	2	2	7	8	5	5	5	2	2	2	7	8	5	5	5	2	2
Spätschicht	6	3	3	3	8	8	6	6	6	3	3	3	8	8	6	6	6	3	3	3	8	8	6	6	6	3	3	3

	Woche 5							Woche 6							Woche 7							Woche 8						
	Mo	Di	Mi	Do	Fr	Sa	So	Mo	Di	Mi	Do	Fr	Sa	So	Mo	Di	Mi	Do	Fr	Sa	So	Mo	Di	Mi	Do	Fr	Sa	So
Frühschicht	7	4	4	4	1	1	1	7	7	4	4	4	1	1	1	7	7	4	4	4	1	1	1	7	7	4	4	4
Frühschicht	5	5	5	2	2	2	7	8	5	5	5	2	2	2	7	8	5	5	5	2	2	2	7	8	5	5	5	2
Frühschicht	6	6	3	3	3	8	8	6	6	6	3	3	3	8	8	6	6	6	3	3	3	8	8	6	6	6	3	3
Spätschicht	1	1	7	7	4	4	4	1	1	1	7	7	4	4	4	1	1	1	7	7	4	4	4	1	1	1	7	7
Spätschicht	2	7	8	5	5	5	2	2	2	7	8	5	5	5	2	2	2	7	8	5	5	5	2	2	2	7	8	5
Spätschicht	8	8	6	6	6	3	3	3	8	8	6	6	6	3	3	3	8	8	6	6	6	3	3	3	8	8	6	6

In MBS Typ 2 haben arithmetische Schichtpläne jedoch noch den grundsätzlichen Vorteil (so dies als ein solcher gesehen wird), dass die Schicht-Besetzungen hier wesentlich weniger durchmischt sind:

Jedes Team arbeitet gleich häufig (jeweils in 2/3 der Schichten) mit nur 3 anderen Teams zusammen, und die beiden Springer-Teams (im Beispiel-Besetzungsplan sind dies Team 7 und Team 8) müssen nur in jeweils 2 Arbeitsplatzgruppen eingesetzt werden.

6.5 3:1-Systeme – Besetzungszahl 3,00

Das gängigste 3:1-System ist der klassische 3-Schichtbetrieb mit wochenweisem Wechsel zwischen Früh-, Spät- und Nachtschicht. Weit überwiegend wird hierin in der betrieblichen Praxis rückwärts (also von der Nacht- in die Spät- in die Frühschichtwoche) gewechselt, was gegenüber dem Vorwärtswechsel insbesondere den von den meisten 3-Schichtmitarbeiter*innen als angenehmer empfundenen Wechsel aus der Nacht- in die Spätschicht mit sich bringt. Ein Beispiel für den teilkontinuierlichen 3-Schichtbetrieb wurde bereits in **Kap. 2** vorgestellt, sei an dieser Stelle aber noch einmal wiederholt – siehe nachfolgende Abbildung.

	Mo	Di	Mi	Do	Fr	Sa	So
Woche 1	F	F	F	F	F	-	-
Woche 2	N	N	N	N	N	-	-
Woche 3	S	S	S	S	S	-	-

	Woche 1							Woche 2							Woche 3						
	Mo	Di	Mi	Do	Fr	Sa	So	Mo	Di	Mi	Do	Fr	Sa	So	Mo	Di	Mi	Do	Fr	Sa	So
Frühschicht	1	1	1	1	1			2	2	2	2	2			3	3	3	3	3		
Spätschicht	2	2	2	2	2			3	3	3	3	3			1	1	1	1	1		
Nachtschicht	3	3	3	3	3			1	1	1	1	1			2	2	2	2	2		

Weniger als 5 Nachtschichten in Folge – wie arbeitswissenschaftlich empfohlen; siehe hierzu **Abschn. 5.3.1** – sind bei der üblichen Besetzungs-Anforderung „durchgehende Betriebszeit über 15 Betriebsschichten hinweg" nicht möglich, weil dies den Einsatz von mehr als 3 Teams voraussetzt.

In der Praxis beginnt die Nachtschicht-Woche häufig – und meist auf Wunsch der Mitarbeiter*innen – bereits mit der Sonntag- statt mit der Montag-Nachtschicht und endet dementsprechend mit der Donnerstag- statt mit der Freitag-Nachtschicht – siehe nachfolgende Abbildung. Dies ist allerdings dann keine gute Idee, wenn bei nicht unterbrechbarer Betriebszeit nicht nur ganz ausnahmsweise einmal mehr als 15 Betriebsschichten pro Woche gearbeitet werden muss: Dann ist nämlich die

16. Betriebsschicht pro Woche *immer* die Freitag-Nachtschicht, sodass relativ häufig statt 5 sogar 6 Nachtschichten in Folge geleistet werden müssen. Wird eine solche Flexibilität aber nicht benötigt, kann diese Nachtschichten-Folge auch die Vorwärts-Rotation durch die Schichtlagen erleichtern, weil dann nach der letzten Nachtschicht statt ca. 48 h ca. 72 h frei ist – mit dem interessanten Nebeneffekt, dass dann immer dasselbe Team die Betriebswoche beendet (mit der Freitag-Spätschicht) und die darauffolgende Betriebswoche beginnt (mit der Sonntag-Nachtschicht).

	Mo	Di	Mi	Do	Fr	Sa	So
Woche 1	F	F	F	F	F	-	-
Woche 2	S	S	S	S	S	-	N
Woche 3	N	N	N	N	-	-	-

	Woche 1							Woche 2							Woche 3						
	Mo	Di	Mi	Do	Fr	Sa	So	Mo	Di	Mi	Do	Fr	Sa	So	Mo	Di	Mi	Do	Fr	Sa	So
Frühschicht	1	1	1	1	1			2	2	2	2	2			3	3	3	3	3		
Spätschicht	3	3	3	3	3			1	1	1	1	1			2	2	2	2	2		
Nachtschicht	2	2	2	2			3	3	3	3	3				1	1	1	1	1		2

3:1-Systeme gibt es aber auch für den 2-Schichtbetrieb – sowohl mit Schichten à ca. 8 h Arbeitszeit als auch auf 12 h-Basis. Nachfolgende Abbildung zeigt ein erstes Beispiel für den 7-Tage-Betrieb mit maximal 4 Arbeitstagen in Folge und zwischen den Arbeits-Blöcken mindestens (wenn also im Extrem rund um die Uhr in 12 h-Schichten gearbeitet wird) ca. 48 h frei. Bei z. B. 8 h Arbeitszeit pro Schicht wird in diesem Schichtplan eine Arbeitszeit von durchschnittlich [8 h × 14 : 3 w =] 37 h 20 min/w erreicht, was gut zu den üblichen Regelarbeitszeiten passt. Bei längeren Schichten können dementsprechend (erhebliche) Freischichten-Ansprüche der Mitarbeiter*innen zu Stande kommen.

	Mo	Di	Mi	Do	Fr	Sa	So
Woche 1	S	S	S	-	-	F	F
Woche 2	F	F	-	S	S	S	S
Woche 3	-	-	F	F	F	-	-

	Woche 1							Woche 2							Woche 3						
	Mo	Di	Mi	Do	Fr	Sa	So	Mo	Di	Mi	Do	Fr	Sa	So	Mo	Di	Mi	Do	Fr	Sa	So
Frühschicht	3	3	2	2	2	1	1	1	1	3	3	3	2	2	2	2	1	1	1	3	3
Spätschicht	1	1	1	3	3	3	3	2	2	2	1	1	1	1	3	3	3	2	2	2	2

Eine weitere interessante Gestaltung-Idee für ein 3:1-System ist ein 3-Wochen-Schichtplan mit Früh-, Spät- und Disposchicht-Woche – siehe nachfolgende Abbildung. Die Arbeitszeit-Lage in der

Disposchicht-Woche wird spätestens in der Wochenplanung unter weitest möglicher Berücksichtigung der Arbeitszeit- und Freizeitwünsche der Mitarbeiter*innen festgelegt. Damit könnten dann z. B. im jeweils benötigten Umfang auch Nachtschichten angesetzt, Vertretungen in Früh- und Spätschicht ermöglicht und Freizeitausgleiche bewerkstelligt werden. Trotz dieses enormen Flexibilitäts-Potenzials haben die Mitarbeiter*innen in diesem Schichtsystem immer noch vollständige Planungssicherheit in 2/3 aller Wochen und darüber hinaus ja auch noch die Möglichkeit, auf Lage und Verteilung ihrer Arbeitszeit in den Disposchicht-Wochen Einfluss zu nehmen. Und wenn dieser Flexibilitätsgrad als zu hoch angesehen werden sollte, lässt er sich einfach dadurch reduzieren, dass im Rahmen der Jahresurlaubsplanung in den Disposchicht-Wochen bereits Urlaubsvertretungen in Früh- und Spätschicht fixiert werden.

	Mo	Di	Mi	Do	Fr	Sa	So
Woche 1	F	F	F	F	F	-	-
Woche 2	D	D	D	D	D	-	-
Woche 3	S	S	S	S	S	-	-

	Woche 1							Woche 2							Woche 3						
	Mo	Di	Mi	Do	Fr	Sa	So	Mo	Di	Mi	Do	Fr	Sa	So	Mo	Di	Mi	Do	Fr	Sa	So
Frühschicht	1	1	1	1	1			2	2	2	2	2			3	3	3	3	3		
Spätschicht	2	2	2	2	2			3	3	3	3	3			1	1	1	1	1		
Disposchicht	3	3	3	3	3			1	1	1	1	1			2	2	2	2	2		

Nun ein 3:1-System auf 12 h-Basis mit grundsätzlich 10 Betriebsschichten pro Woche (Montag-Früh- bis Freitag-Nachtschicht), in das die Samstag-Schichten bei Bedarf zusätzlich (in den Schichtplan-Wochen 1 und 2) eingebaut werden könnten – siehe nachfolgende Abbildung. Bei z. B. 11 h 30 min Arbeitszeit pro Schicht wird hierin (ohne Samstag-Schichten) durchschnittlich gut 38 h/w Arbeitszeit erreicht.

	Mo	Di	Mi	Do	Fr	Sa	So
Woche 1	F+	F+	-	N+	N+	-	-
Woche 2	-	-	F+	F+	F+	-	-
Woche 3	N+	N+	N+	-	-	-	-

	Woche 1							Woche 2							Woche 3						
	Mo	Di	Mi	Do	Fr	Sa	So	Mo	Di	Mi	Do	Fr	Sa	So	Mo	Di	Mi	Do	Fr	Sa	So
Frühschicht	1	1	3	3	3			2	2	1	1	1			3	3	2	2	2		
Nachtschicht	2	2	2	1	1			3	3	3	2	2			1	1	1	3	3		

Abschließend nun noch zu 24 h-Schichten mit Bereitschaftsdienst (die im folgenden Schichtplan-Beispiel als Tagschichten bezeichnet werden), bei denen das in nachfolgender Abbildung vorgestellte 3:1-System recht verbreitet ist. Nachteilig hieran ist vor allem seine geringe Flexibilität: Sollte ein*e Mitarbeiter*in nämlich einmal in einem anderen Team aushelfen müssen, fällt er/sie dadurch in seinem/ihren Team aus, weil auch bei Arbeitsbereitschaft oder Bereitschaftsdienst mehr als 24 h am Stück nicht gearbeitet werden darf (siehe **Kap. 3**). Diesbezüglich wesentlich besser ist das im folgenden Kapitel als erstes vorgestellte 2×3:2-System mit derselben Besetzungszahl und daher auch demselben Stellenbedarf.

```
         Mo  Di  Mi  Do  Fr  Sa  So
Woche 1  T   -   -   T   -   -   T
Woche 2  -   -   T   -   -   T   -
Woche 3  -   T   -   -   T   -   -
```

	Woche 1							Woche 2							Woche 3						
	Mo	Di	Mi	Do	Fr	Sa	So	Mo	Di	Mi	Do	Fr	Sa	So	Mo	Di	Mi	Do	Fr	Sa	So
Tagschicht	1	2	3	1	2	3	1	2	3	1	2	3	1	2	3	1	2	3	1	2	3

6.6 MBS mit einer Besetzungszahl von 3,00 bis unter 4,00

2×3:2-Systeme – Besetzungszahl 3,00

In diesen MBS Typ 1 werden die Mitarbeiter*innen auf 2 Teams 1 und 2 und darin wiederum auf jeweils 3 Teil-Teams 11–13 bzw. 21–23 aufgeteilt. Als Schichtplan-Beispiel hierfür möchte ich eines mit 24 h-Schichten (mit Bereitschaftsdienst) mit der 6-Tage-Schichtenfolge T – T – – – anführen, die zu dem in nachfolgender Abbildung gezeigten arithmetischen Schichtplan führt.

```
         Mo  Di  Mi  Do  Fr  Sa  So
Woche 1  T   -   T   -   -*  -   T
Woche 2  -   T   -   -*  -   T   -
Woche 3  T   -   -*  -   T   -   T
Woche 4  -   -*  -   T   -   T   -
Woche 5  -*  -   T   -   T   -   -*
Woche 6  -   T   -   T   -   -*  -
```

	Woche 1							Woche 2							Woche 3						
	Mo	Di	Mi	Do	Fr	Sa	So	Mo	Di	Mi	Do	Fr	Sa	So	Mo	Di	Mi	Do	Fr	Sa	So
Tagschicht	11	21	11	22	12	21	11	21	11	22	12	21	11	22	12	21	11	22	12	21	11
Tagschicht	12	23	13	23	13	22	12	23	13	23	13	22	12	23	13	23	13	22	12	23	13
Notreserve	13	22	12	21	11	23	13	22	12	21	11	23	13	22	12	21	11	23	13	22	12

	Woche 4							Woche 5							Woche 6						
	Mo	Di	Mi	Do	Fr	Sa	So	Mo	Di	Mi	Do	Fr	Sa	So	Mo	Di	Mi	Do	Fr	Sa	So
Tagschicht	22	12	21	11	22	12	21	11	21	11	22	12	21	11	21	11	22	12	21	12	21
Tagschicht	23	13	22	12	23	13	23	13	22	12	23	13	23	13	22	12	23	13	23	13	22
Notreserve	21	11	23	13	22	12	21	11	23	13	22	12	21	11	23	13	22	12	21	11	23

Im Besetzungsplan starten die Teil-Teams 11, 13 und 15 in der 1., 3. bzw. 5. Woche und die Teil-Teams 21, 22 und 23 in der 2., 4. bzw. 6. Woche mit Schichtplan-Woche 1. An jedem Tag sind im täglichen Wechsel 2 Teil-Teams eines der beiden Teams eingeplant, sodass immer 2/3 der Mitarbeiter*innen der beiden Teams in wechselnder Zusammensetzung planmäßig anwesend sind. Dieser Schichtplan hat gegenüber dem davor als letztem vorgestellten 3:1-Plan den Vorteil, dass bei zu hoher Abwesenheits-Quote, aber auch zur Realisierung von Freie-Tage-Wünschen von Mitarbeiter*innen der im Schichtplan -* gekennzeichnete freie Tag im Rahmen der Wochenplanung und/oder auch auf freiwilliger Basis beansprucht werden kann (im Besetzungsplan als Notreserve bezeichnet), ohne dass die betreffenden Mitarbeiter*innen dabei teamübergreifend tätig werden und sich ihre übrigen Arbeitstage verschieben müssten.

3 × 2:2-Systeme – Besetzungszahl 3,00

Auch hier handelt es sich um MBS Typ 1, für die ich zunächst – in nachfolgender Abbildung – das Beispiel eines flexiblen Schichtsystems bringen möchte, mit dem alle Wochenend-Schichten zu bis zu 50 % besetzt werden können, sodass Engpass-Aggregate unter den Voraussetzungen ausreichend verteilter Mitarbeiter-Qualifikation und rechtlicher Zulässigkeit durchgefahren werden können.

	Mo	Di	Mi	Do	Fr	Sa	So
Woche 1	F	F	F	F	F	f	-
Woche 2	N	N	N	N	N	n	-
Woche 3	S	S	S	S	S	s	-
Woche 4	F	F	F	F	F	-	n
Woche 5	N	N	N	N	N	-	s
Woche 6	S	S	S	S	S	-	f

	Woche 1							Woche 2							Woche 3						
	Mo	Di	Mi	Do	Fr	Sa	So	Mo	Di	Mi	Do	Fr	Sa	So	Mo	Di	Mi	Do	Fr	Sa	So
Frühschicht	11	11	11	11	11	11	21	21	21	21	21	21	21	31	31	31	31	31	31	31	
Frühschicht	12	12	12	12	12	12		22	22	22	22	22			32	32	32	32	32		12
Spätschicht	21	21	21	21	21		31	31	31	31	31	31			11	11	11	11	11	11	
Spätschicht	22	22	22	22	22	22		32	32	32	32	32	32	12	12	12	12	12	12		22
Nachtschicht	31	31	31	31	31			11	11	11	11	11	11		21	21	21	21	21		
Nachtschicht	32	32	32	32	32	32	12	12	12	12	12	12		22	22	22	22	22	22		32

	Woche 4							Woche 5							Woche 6						
	Mo	Di	Mi	Do	Fr	Sa	So	Mo	Di	Mi	Do	Fr	Sa	So	Mo	Di	Mi	Do	Fr	Sa	So
Frühschicht	11	11	11	11	11			21	21	21	21	21			31	31	31	31	31		
Frühschicht	12	12	12	12	12		22	22	22	22	22	22		32	32	32	32	32	32		
Spätschicht	21	21	21	21	21			31	31	31	31	31	11		11	11	11	11	11		21
Spätschicht	22	22	22	22	22		32	32	32	32	32	32			12	12	12	12	12		
Nachtschicht	31	31	31	31	31	31	11	11	11	11	11	11			21	21	21	21	21		31
Nachtschicht	32	32	32	32	32			12	12	12	12	12			22	22	22	22	22		

Die 3 Teams 1–3 sind in jeweils 2 Teil-Teams 11 und 12, etc. aufgeteilt, die in den 6-Wochen-Zyklus 3wochenweise versetzt einsteigen – Teil-Team 11 also wie stets in Woche 1 und Teil-Team 12 deshalb in Woche 4, Teil-Team 21 in Woche 2, etc. Im Schichtplan stehen f s n für spätestens im Rahmen der Wochenplanung zusätzlich individuell unter Berücksichtigung im Einzelfall entgegenstehender dringender persönlicher Belange ansagbare Schichten, wodurch Teil-Besetzungen dieser Schichten bis zu 50 % realisiert werden können.

In den Besetzungsplan habe ich diese potenziellen Zusatzschichten deshalb mit eingebaut, um zu veranschaulichen, dass im Extrem tatsächlich das gesamte Wochenende mit hälftiger Besetzung durchgefahren werden kann; damit ist hier also der „worst case" dargestellt. Der Freizeitausgleich der über die Vertragsarbeitszeit hinaus (insbesondere am Wochenende) zu leistenden Arbeitszeit erfolgt im Rahmen der Wochenplanung unter weitest möglicher Berücksichtigung der Arbeitszeit- und Freizeitwünsche der Mitarbeiter*innen sowie mit dem Ziel, die Belastungen insbesondere durch die potenziell sehr kurzen Wechsel speziell aus den Nachtschicht-Wochen heraus zu verringern oder ganz zu vermeiden.

Nun ein weiteres 3×2:2-System für 17 Betriebsschichten pro Woche, in dem die Nachtschichten Sonntag-Freitag und die Samstag-Frühschicht nur zu 50 % besetzt sind und entsprechend arbeitswissenschaftlicher Empfehlung maximal 3 Nachtschichten in Folge zu arbeiten ist – siehe nachfolgende Abbildung. Bei z. B. 8 h Arbeitszeit pro Schicht wird in diesem Schichtplan durchschnittlich 36 h/w Arbeitszeit erreicht.

	Mo	Di	Mi	Do	Fr	Sa	So
Woche 1	F	F	F	F	F	-	N
Woche 2	N	N	-	-	-	-	-
Woche 3	S	S	S	S	S	-	-
Woche 4	F	F	F	F	F	F	-
Woche 5	-	-	N	N	N	-	-
Woche 6	S	S	S	S	S	-	-

	Woche 1							Woche 2							Woche 3						
	Mo	Di	Mi	Do	Fr	Sa	So	Mo	Di	Mi	Do	Fr	Sa	So	Mo	Di	Mi	Do	Fr	Sa	So
Frühschicht	11	11	11	11	11			21	21	21	21	21			31	31	31	31	31		
Frühschicht	12	12	12	12	12	12		22	22	22	22	22	22		32	32	32	32	32	32	
Spätschicht	21	21	21	21	21			31	31	31	31	31			11	11	11	11	11		
Spätschicht	22	22	22	22	22			32	32	32	32	32			12	12	12	12	12		
Nachtschicht	32	32	31	31	31				11	11	11	12	12	12		21	21	21	22	22	22	31

	Woche 4							Woche 5							Woche 6						
	Mo	Di	Mi	Do	Fr	Sa	So	Mo	Di	Mi	Do	Fr	Sa	So	Mo	Di	Mi	Do	Fr	Sa	So
Frühschicht	11	11	11	11	11	11		21	21	21	21	21			31	31	31	31	31	31	
Frühschicht	12	12	12	12	12			22	22	22	22	22			32	32	32	32	32		
Spätschicht	21	21	21	21	21			31	31	31	31	31			11	11	11	11	11		
Spätschicht	22	22	22	22	22			32	32	32	32	32			12	12	12	12	12		
Nachtschicht	31	31	32	32	32		12	12	12	11	11	11		22	22	22	21	21	21		32

Abschließend – siehe nachfolgende Abbildung – nun noch eine Variante des oben vorgestellten 3:1-Systems mit Disposchicht-Woche, bei der die Hälfte des in der obigen Disposchicht-Woche eingeplanten Teams planmäßig in Nachtschicht arbeitet – was zum einen bei einer in dieser Größenordnung erforderlichen Nachtschicht-Besetzung naheliegt und zum anderen die Planbarkeit für die Mitarbeiter*innen deutlich erhöht, weil damit nur noch in 1/6 aller Wochen Schichtlage und freie Tage erst relativ kurzfristig festgelegt werden.

	Mo	Di	Mi	Do	Fr	Sa	So
Woche 1	F	F	F	F	F	-	-
Woche 2	N	N	N	N	N	-	-
Woche 3	S	S	S	S	S	-	-
Woche 4	F	F	F	F	F	-	-
Woche 5	D	D	D	D	D	-	-
Woche 6	S	S	S	S	S	-	-

	Woche 1							Woche 2							Woche 3						
	Mo	Di	Mi	Do	Fr	Sa	So	Mo	Di	Mi	Do	Fr	Sa	So	Mo	Di	Mi	Do	Fr	Sa	So
Frühschicht	11	11	11	11	11			21	21	21	21	21			31	31	31	31	31		
Frühschicht	12	12	12	12	12			22	22	22	22	22			32	32	32	32	32		
Spätschicht	21	21	21	21	21			31	31	31	31	31			11	11	11	11	11		
Spätschicht	22	22	22	22	22			32	32	32	32	32			12	12	12	12	12		
Nachtschicht	32	32	32	32	32			11	11	11	11	11			21	21	21	21	21		
Disposchicht	31	31	31	31	31			12	12	12	12	12			22	22	22	22	22		

	Woche 4							Woche 5							Woche 6						
	Mo	Di	Mi	Do	Fr	Sa	So	Mo	Di	Mi	Do	Fr	Sa	So	Mo	Di	Mi	Do	Fr	Sa	So
Frühschicht	11	11	11	11	11			21	21	21	21	21			31	31	31	31	31		
Frühschicht	12	12	12	12	12			22	22	22	22	22			32	32	32	32	32		
Spätschicht	21	21	21	21	21			31	31	31	31	31			11	11	11	11	11		
Spätschicht	22	22	22	22	22			32	32	32	32	32			12	12	12	12	12		
Nachtschicht	31	31	31	31	31			12	12	12	12	12			22	22	22	22	22		
Disposchicht	32	32	32	32	32			11	11	11	11	11			21	21	21	21	21		

Der Besetzungsplan zeigt, dass die Aufteilung der 3 Teams in jeweils 2 Teil-Teams nur jede 3. Woche zur Geltung kommt, wenn abwechselnd jeweils eines der beiden Teil-Teams in Nachtschicht eingeplant ist und die Mitglieder des anderen Teil-Teams bedarfs- und weitest möglich auch bedürfnisgerecht auf Früh-, Spät-, Nacht- und Freischicht verteilt werden.

6:2-Systeme – Besetzungszahl 3,00
Solche MBS vom Typ 2 sind sehr selten, weil es bei dieser Besetzungszahl in aller Regel gute Alternativen ohne Besetzungs-Durchmischung gibt. Nachfolgende Abbildung zeigt ein Praxis-Beispiel auf Basis von 12 h-Schichten mit halber Besetzung nachts und am Wochenende, bei dem es vor allem darauf ankam, dass die Nachtschichten einzeln geleistet werden. Der – arithmetische – Schichtplan basiert auf der 6-Tage-Folge F+ F+ N+ – – – –, aus der wegen der nur hälftigen Besetzung der Wochenend-Frühschichten die Samstag- und die Sonntag-Frühschicht jeweils einmal (in den Schichtplan-Wochen 1 und 3) herausgenommen worden sind. Der Besetzungsplan zeigt, dass jedes Team in den doppelt besetzten Frühschichten Montag-Freitag nur mit 2 anderen Teams zusammenarbeitet bei grundsätzlich täglichem Wechsel, sodass eine entsprechend vernetzte Kooperationsstruktur aller Teams geschaffen wird. In diesen Schichten können die Teams 1, 3 und 5 bzw. 2, 4 und 6 bei Bedarf immer denselben Arbeitsplatzgruppen zugewiesen werden.

	Mo	Di	Mi	Do	Fr	Sa	So
Woche 1	F+	F+	N+	–	–	–	–
Woche 2	F+	N+	–	–	–	F+	F+
Woche 3	N+	–	–	–	F+	–	N+
Woche 4	–	–	–	F+	F+	N+	–
Woche 5	–	–	F+	F+	N+	–	–
Woche 6	–	F+	F+	N+	–	–	–

	Woche 1							Woche 2							Woche 3						
	Mo	Di	Mi	Do	Fr	Sa	So	Mo	Di	Mi	Do	Fr	Sa	So	Mo	Di	Mi	Do	Fr	Sa	So
Frühschicht	1	1	3	3	5			1	3	3	5	5	1	1	3	3	5	5	1		
Frühschicht	6	2	4	4	6	6	6	2	2	4	4	6			2	4	4	6	6	2	2
Nachtschicht	5	6	1	2	3	4	5	6	1	2	3	4	5	6	1	2	3	4	5	6	1

	Woche 4							Woche 5							Woche 6						
	Mo	Di	Mi	Do	Fr	Sa	So	Mo	Di	Mi	Do	Fr	Sa	So	Mo	Di	Mi	Do	Fr	Sa	So
Frühschicht	3	5	5	1	1	3	3	5	5	1	1	3			5	1	1	3	3	5	5
Frühschicht	4	4	6	6	2			4	6	6	2	2	4	4	6	6	2	2	4		
Nachtschicht	2	3	4	5	6	1	2	3	4	5	6	1	2	3	4	5	6	1	2	3	4

3×3:3-Systeme – Besetzungszahl 3,00

Zur Veranschaulichung der enorm vielen möglichen Ausprägungen solcher MBS Typ 1 möchte ich hier ein Beispiel mit voller Besetzung der Frühschichten Montag-Freitag, 60 %iger Besetzung der Spätschichten Montag-Freitag sowie der Samstag-Frühschicht und 40 %iger Besetzung der Sonntag-Frühschicht vorstellen – siehe nachfolgende Abbildung –, in dem durchschnittlich an 5 Tagen pro Woche zu arbeiten ist und darüber hinaus maximal 5 Tage in Folge.

	Mo	Di	Mi	Do	Fr	Sa	So
Woche 1	F	F	F	-	F	F	F
Woche 2	-	F	F	F	F	-	-
Woche 3	S	S	S	S	S	-	-
Woche 4	F	F	F	F	-	F	F
Woche 5	F	-	F	F	F	-	-
Woche 6	S	S	S	S	S	-	-
Woche 7	F	F	-	F	F	F	-
Woche 8	F	F	F	F	F	-	-
Woche 9	S	S	S	S	S	-	-

	Woche 1							Woche 2							Woche 3						
	Mo	Di	Mi	Do	Fr	Sa	So	Mo	Di	Mi	Do	Fr	Sa	So	Mo	Di	Mi	Do	Fr	Sa	So
Frühschicht	11	11	11	33	11	11	11	23	11	11	11	11			31	31	31	23	31	31	31
Frühschicht	12	12	33	12	12	12		12	12	12	12	12			32	32	23	32	32	32	
Frühschicht	13	13	13	13	33	13	13	13	23	13	13	13	23	23	33	33	33	33	23	33	33
Frühschicht	31	31	31	31	31			21	21	21	23	21	21	21	23	21	21	21	21		
Frühschicht	32	33	32	32	32			22	22	23	22	22	22		22	22	22	22	22		
Spätschicht	21	21	21	21	21			31	31	31	31	31			11	11	11	11	11		
Spätschicht	22	22	22	22	22			32	32	32	32	32			12	12	12	12	12		
Spätschicht	23	23	23	23	23			33	33	33	33	33			13	13	13	13	13		

	Woche 4							Woche 5							Woche 6						
	Mo	Di	Mi	Do	Fr	Sa	So	Mo	Di	Mi	Do	Fr	Sa	So	Mo	Di	Mi	Do	Fr	Sa	So
Frühschicht	11	11	11	11	33	11	11	11	11	11	11	11			31	31	31	33	31	31	
Frühschicht	12	12	12	33	12	12	12	23	12	12	12	12			32	32	32	33	32	32	
Frühschicht	13	13	33	13	13	13		13	13	13	13	23			33	33	23	23	23	33	
Frühschicht	33	31	31	31	31			21	21	21	23	21	21	21	21	21	23	21	21		
Frühschicht	32	32	32	32	32			22	22	22	23	22	22		23	22	22	22	22		
Spätschicht	21	21	21	21	21			31	31	31	31	31			11	11	11	11	11		
Spätschicht	22	22	22	22	22			32	32	32	32	32			12	12	12	12	12		
Spätschicht	23	23	23	23				33	33	33	33	33			13	13	13	13			

	Woche 7							Woche 8							Woche 9						
	Mo	Di	Mi	Do	Fr	Sa	So	Mo	Di	Mi	Do	Fr	Sa	So	Mo	Di	Mi	Do	Fr	Sa	So
Frühschicht	11	11	33	11	11			11	11	11	11	11			31	31	33	31	31		
Frühschicht	12	12	12	33	12	12		12	12	12	12	12			32	32	32	33	32	32	
Frühschicht	13	13	13	33	13	13		23	13	13	13	13	23		33	33	23	33	23	33	
Frühschicht	31	33	31	31	31			21	21	23	21	21			21	21	21	21	21		
Frühschicht	33	32	32	32	32			22	22	22	23	22	22		23	22	22	22	22		
Spätschicht	21	21	21	21	21			31	31	31	31	31			11	11	11	11	11		
Spätschicht	22	22	22	22	22			32	32	32	32	32			12	12	12	12	12		
Spätschicht	23	23	23	23	23			33	33	33	33	33			13	13	13	13			

Der Besetzungsplan zeigt, dass und wie die Frühschichten Montag-Freitag aus 2 Teams heraus besetzt werden, während sowohl die

Spät- als auch die Wochenendschichten jeweils durch 1 Team besetzt werden, das Sonntagfrüh nur zu 2/3 eingeplant ist. Die Zuordnung der Teil-Teams zu den einzelnen Arbeitsplatzgruppen ist hierin (andere Lösungen sind wie stets möglich) für die Teil-Teams 11–13 vollständig und für die Teil-Teams 21, 22, 31 und 32 relativ stabil, während die Teil-Teams 23 und 33 diesbezüglich sehr flexibel einsetzbar sein müssen.

7:2-Systeme – Besetzungszahl 3,50
Solche MBS Typ 2 werden in der betrieblichen Praxis in erster Linie dann eingesetzt, wenn eine gleichmäßig zu besetzende Betriebszeit zwar spürbar in das Wochenende hineinreicht, aber wiederum nicht so erheblich, dass es unter den jeweils gegebenen Umständen für ein 4:1-System reichen würde.

Nachfolgende Abbildung zeigt einen Schichtplan für 17 voll besetzte Betriebsschichten pro Woche (Montag-Früh- bis Samstag-Spätschicht), in dem durchschnittlich knapp 5 Tage pro Woche zu arbeiten ist sowie maximal 5 Tage in Folge. Bei z. B. 8 h 10 min Arbeitszeit (einschließlich bezahlter Pausenzeit) pro Schicht wird hierin im 7-Wochen-Zyklus durchschnittlich 39 h 40 min Arbeitszeit erreicht.

	Mo	Di	Mi	Do	Fr	Sa	So
Woche 1	N	N	N	N	N	-	-
Woche 2	-	S	S	S	S	S	-
Woche 3	S	S	-	F	F	F	-
Woche 4	F	F	F	F	-	-	-
Woche 5	N	N	N	N	N	-	-
Woche 6	S	-	S	S	S	S	-
Woche 7	F	F	F	-	F	F	-

	Woche 1							Woche 2							Woche 3							Woche 4						
	Mo	Di	Mi	Do	Fr	Sa	So	Mo	Di	Mi	Do	Fr	Sa	So	Mo	Di	Mi	Do	Fr	Sa	So	Mo	Di	Mi	Do	Fr	Sa	So
Frühschicht	5	5	5	6	6	6		3	3	3	6	3	3		7	7	7	1	1	1		1	1	1	1	5	5	
Frühschicht	2	2	2	5	2	2		6	6	6	7	7	7		4	4	4	7	4	4		5	5	5	2	2	2	
Spätschicht	3	6	3	3	3	3		1	1	1	1	1	1		1	1	5	5	5	5		6	3	3	3	3	3	
Spätschicht	6	7	7	7	7	7		4	7	4	4	4	4		5	2	2	2	2	2		2	2	6	6	6	6	
Nachtschicht	1	1	1	1	1			5	5	5	5	5			3	3	3	3	3			7	7	7	7	7		
Nachtschicht	4	4	4	4	4			2	2	2	2	2			6	6	6	6	6			4	4	4	4	4		

	Woche 5							Woche 6							Woche 7						
	Mo	Di	Mi	Do	Fr	Sa	So	Mo	Di	Mi	Do	Fr	Sa	So	Mo	Di	Mi	Do	Fr	Sa	So
Frühschicht	6	6	6	3	3	3		3	3	3	3	7	7		1	1	1	5	1	1	
Frühschicht	2	2	2	6	6	6		7	7	7	4	4	4		4	4	4	5	5	5	
Spätschicht	3	3	7	7	7	7		1	5	1	1	1	1		2	5	2	2	2	2	
Spätschicht	7	4	4	4	4	4		4	4	5	5	5	5		2	5	2	2	2	2	
Nachtschicht	1	1	1	1	1			6	6	6	6	6			3	3	3	3	3		
Nachtschicht	5	5	5	5	5			2	2	2	2	2			7	7	7	7	7		

Der Beispiel-Besetzungsplan zeigt, dass die Teams 1–4 immer denselben Arbeitsplatzgruppen = Zeilen der einzelnen Betriebsschichten zugewiesen sind, während die Teams 5–7 in beiden Arbeitsplatzgruppen eingeplant werden. Jedes Team kooperiert darin mit 4 anderen Teams – Team 1 beispielsweise mit den Teams 2, 4, 5 und 7: mit zweien sehr intensiv (in jeweils 15 der 34 Schichten pro 7-Wochen-Zyklus) und mit zweien sehr selten (in jeweils 2 Schichten pro 7-Wochen-Zyklus).

3×6:5-Systeme – Besetzungszahl 3,60

Solche MBS Typ 1 kommen wie 7:2-Systeme dann infrage, wenn die Betriebszeit spürbar ins Wochenende hinein ausgedehnt werden muss, ohne dass ein 4:1-System in Reichweite ist, weil in diesem zur Erreichung der jeweiligen Regelarbeitszeit zu viele Zusatzschichten geleistet werden müssten. Gleichzeitig werden hierin die in 7:2-Systemen zwangsläufigen Besetzungs-Durchmischungen vermieden.

In nachfolgender Abbildung stelle ich ein Beispiel für 18 voll besetzte Betriebsschichten pro Woche (Sonntag-Nacht- bis Samstag-Spätschicht) mit abwechselnd 6- und 4-Tage-Arbeitswoche vor. Basis des Schichtplans ist ein normaler 3:1-Schichtplan mit Rückwärtswechsel durch die Schichtlagen, allerdings mit 6- statt 5-Tage-Wochen. In diesen Schichtplan wurden dann vorwärts rollierend jede 2. Woche 2 Freischichten eingebaut – beginnend mit den ersten beiden Nachtschichten in Woche 2 (de facto also mit der Sonntag-Nachtschicht in Woche 1), den beiden mittleren Nachtschichten in Woche 8 und den beiden letzten Nachtschichten in Woche 14.

6 Alle einfachen Schichtsysteme ... 99

	Mo	Di	Mi	Do	Fr	Sa	So
Woche 1	F	F	F	F	F	F	-
Woche 2	-	N	N	N	N	-	-
Woche 3	S	S	S	S	S	S	-
Woche 4	F	F	-	-	F	F	N
Woche 5	N	N	N	N	-	-	-
Woche 6	S	S	S	S	-	-	-
Woche 7	F	F	F	F	F	F	N
Woche 8	N	-	-	N	N	-	-
Woche 9	S	S	S	S	S	S	-
Woche 10	F	F	F	F	-	-	N
Woche 11	N	N	N	N	N	-	-
Woche 12	-	-	S	S	S	S	-
Woche 13	F	F	F	F	F	F	N
Woche 14	N	N	N	-	-	-	-
Woche 15	S	S	S	S	S	S	-
Woche 16	-	-	F	F	F	F	N
Woche 17	N	N	N	N	N	-	-
Woche 18	S	S	-	-	S	S	-

	Woche 1						Woche 2						Woche 3						Woche 4					
	Mo	Di	Mi	Do	Fr	Sa	So	Mo	Di	Mi	Do	Fr	Sa	So	Mo	Di	Mi	Do	Fr	Sa	So	Mo	Di	Mi	Do	Fr	Sa	So
Frühschicht	11	11	11	11	11	11		21	21	21	21	21	21		31	31	31	31	31	31		11	11	16	16	11	11
Frühschicht	16	16	12	12	12	12		26	26	22	22	22	22		36	36	32	32	32	32		12	12	12	12	12	12
Frühschicht	13	13	13	13	13	13		23	23	23	23	23	23		33	33	33	33	33	33		16	16	13	13	13	13
Frühschicht	14	14	14	14	16	16		24	24	24	24	26	26		34	34	34	34	36	36		14	14	14	14	14	14
Frühschicht	15	15	15	15	15	15		25	25	25	25	25	25		35	35	35	35	35	35		15	15	15	15	16	16
Spätschicht	21	21	26	26	21	21		31	31	36	36	31	31		11	11	11	11	11	11		21	21	21	21	21	21
Spätschicht	22	22	22	22	22	22		32	32	32	32	32	32		12	12	16	16	12	12		22	22	26	26	22	22
Spätschicht	26	26	23	23	23	23		36	36	33	33	33	33		13	13	13	13	13	13		23	23	23	23	23	23
Spätschicht	24	24	24	24	24	24		34	34	34	34	34	34		16	16	14	14	14	14		26	26	24	24	24	24
Spätschicht	25	25	25	25	26	26		35	35	35	35	36	36		15	15	15	15	15	15		25	25	25	25	25	25
Nachtschicht	31	31	31	31	31		16	16	11	11	11	11		26	26	21	21	21	21		36	36	31	31	31	31		11
Nachtschicht	32	32	32	36	36		12	12	12	12	12	12		22	22	22	22	22	22		12	12	12	12	12	12		16
Nachtschicht	33	33	33	33	33		13	13	13	13	16	16		23	23	23	23	26	26		33	33	33	33	36	36		13
Nachtschicht	34	36	36	34	34		14	14	14	14	14	14		24	24	24	24	24	24		34	34	34	34	34	34		14
Nachtschicht	35	35	35	35	35		15	15	15	15	16	16		25	25	26	26	25	25		35	35	36	36	35	35		15

	Woche 5						Woche 6						Woche 7						Woche 8					
	Mo	Di	Mi	Do	Fr	Sa	So	Mo	Di	Mi	Do	Fr	Sa	So	Mo	Di	Mi	Do	Fr	Sa	So	Mo	Di	Mi	Do	Fr	Sa	So
Frühschicht	21	21	26	26	21	21		31	31	36	36	31	31		11	11	11	11	11	11		21	21	21	21	21	21
Frühschicht	22	22	22	22	22	22		32	32	32	32	32	32		12	12	16	16	12	12		22	22	26	26	22	22
Frühschicht	26	26	23	23	23	23		36	36	33	33	33	33		13	13	13	13	13	13		23	23	23	23	23	23
Frühschicht	24	24	24	24	24	24		34	34	34	34	34	34		16	16	14	14	14	14		26	26	24	24	24	24
Frühschicht	25	25	25	25	26	26		35	35	35	35	36	36		15	15	15	15	15	15		25	25	25	25	25	25
Spätschicht	31	31	31	31	31	31		11	11	11	11	16	16		21	21	23	23	26	26		31	31	31	31	36	36
Spätschicht	32	32	36	36	32	32		12	12	12	12	12	12		22	22	22	22	22	22		32	32	32	32	32	32
Spätschicht	33	33	33	33	33	33		13	13	16	16	13	13		23	23	26	26	23	23		33	33	36	36	33	33
Spätschicht	36	36	34	34	34	34		14	14	14	14	14	14		24	24	24	24	24	24		34	34	34	34	34	34
Spätschicht	35	35	35	35	35	35		16	16	15	15	15	15		26	26	25	25	23	23		36	36	35	35	35	35
Nachtschicht	11	11	11	11	11		21	21	21	21	21	21		31	31	31	31	31	31		11	11	16	16	11	11		21
Nachtschicht	16	12	12	12	12		26	26	22	22	22	22		36	36	32	32	32	32		12	12	12	12	12	12		22
Nachtschicht	13	13	13	13		23	23	23	23	23	23		33	33	33	33	33	33		16	16	13	13	13	13		26
Nachtschicht	14	14	14	16	16		24	24	24	24	26	26		34	34	34	34	34	34		14	14	14	14	14	14		24
Nachtschicht	15	15	15	15	15		25	25	25	25	25	25		35	35	35	35	36	36		15	15	15	15	16	16		25

A. Hoff

	Woche 9						Woche 10						Woche 11						Woche 12					
	Mo	Di	Mi	Do	Fr	Sa	So	Mo	Di	Mi	Do	Fr	Sa	So	Mo	Di	Mi	Do	Fr	Sa	So	Mo	Di	Mi	Do	Fr	Sa	So
Frühschicht	31	31	31	31	31	31		11	11	11	11	16	16		21	21	21	21	26	26		31	31	31	31	36	36	
Frühschicht	32	32	36	36	32	32		12	12	12	12	12	12		22	22	22	22	22	22		32	32	32	32	32	32	
Frühschicht	33	33	33	33	33	33		13	13	16	16	13	13		23	23	26	26	23	23		33	33	36	36	33	33	
Frühschicht	36	36	34	34	34	34		14	14	14	14	14	14		24	24	24	24	24	24		34	34	34	34	34	34	
Frühschicht	35	35	35	35	35	35		16	16	15	15	15	15		26	26	25	25	25	25		36	36	35	35	35	35	
Spätschicht	11	11	11	11	11	11		21	21	21	21	21	21		31	31	31	31	31	31		16	16	11	11	11	11	
Spätschicht	12	12	12	12	16	16		22	22	22	22	26	26		32	32	32	32	36	36		12	12	12	12	12	12	
Spätschicht	13	13	13	13	13	13		23	23	23	23	23	23		33	33	33	33	33	33		13	13	13	13	16	16	
Spätschicht	14	14	16	16	14	14		24	24	26	26	24	24		34	34	36	36	34	34		14	14	14	14	14	14	
Spätschicht	15	15	15	15	15	15		25	25	25	25	25	25		35	35	35	35	35	35		15	15	16	16	15	15	
Nachtschicht	21	26	26	21	21		31	31	36	36	31	31		11	11	11	11	11	11		21	21	21	21	21		31
Nachtschicht	22	22	22	22	22		32	32	32	32	32	32		12	12	16	16	12	12		22	22	26	26	22	22		32
Nachtschicht	26	23	23	23	23		36	36	33	33	33	33		13	13	13	13	13	13		23	23	23	23	23	23		33
Nachtschicht	24	24	24	24	24		34	34	34	34	34	34		16	16	14	14	14	14		26	26	24	24	24	24		36
Nachtschicht	25	25	25	26	26		35	35	35	35	36	36		15	15	15	15	15	15		25	25	25	25	25	25		35

	Woche 13						Woche 14						Woche 15						Woche 16					
	Mo	Di	Mi	Do	Fr	Sa	So	Mo	Di	Mi	Do	Fr	Sa	So	Mo	Di	Mi	Do	Fr	Sa	So	Mo	Di	Mi	Do	Fr	Sa	So
Frühschicht	11	11	11	11	11	11		21	21	21	21	21	21		31	31	31	31	31	31		16	16	11	11	11	11	
Frühschicht	12	12	12	12	16	16		22	22	22	22	26	26		32	32	32	32	36	36		12	12	12	12	12	12	
Frühschicht	13	13	13	13	13	13		23	23	23	23	23	23		33	33	33	33	33	33		13	13	13	13	16	16	
Frühschicht	14	14	16	16	14	14		24	24	26	26	24	24		34	34	36	36	34	34		14	14	14	14	14	14	
Frühschicht	15	15	15	15	15	15		25	25	25	25	25	25		35	35	35	35	35	35		15	15	16	16	15	15	
Spätschicht	26	26	21	21	21	21		36	36	31	31	31	31		11	11	11	11	11	11		21	21	21	21	21	21	
Spätschicht	22	22	22	22	22	22		32	32	32	32	32	32		16	16	12	12	12	12		22	22	22	22	22	22	
Spätschicht	23	23	23	23	26	26		33	33	33	33	36	36		13	13	13	13	13	13		23	23	23	23	23	23	
Spätschicht	24	24	24	24	24	24		34	34	34	34	34	34		14	14	14	14	16	16		24	24	24	24	26	26	
Spätschicht	25	25	26	26	25	25		35	35	36	36	35	35		15	15	15	15	15	15		25	25	25	25	25	25	
Nachtschicht	31	31	31	31		11	11	11	11	11	16	16		21	21	21	21	26	26		31	31	31	31	36	36		11
Nachtschicht	32	36	36	32	32		12	12	12	12	12	12		22	22	22	22	22	22		32	32	32	32	32	32		12
Nachtschicht	33	33	33	33	33		13	13	16	16	13	13		23	23	26	26	23	23		33	33	36	36	33	33		13
Nachtschicht	36	34	34	34	34		14	14	14	14	14	14		24	24	24	24	24	24		34	34	34	34	34	34		14
Nachtschicht	35	35	35	35		16	16	16	15	15	15	15		26	26	25	25	25	25		36	36	35	35	35	35		15

	Woche 17						Woche 18					
	Mo	Di	Mi	Do	Fr	Sa	So	Mo	Di	Mi	Do	Fr	Sa	So
Frühschicht	26	26	21	21	21	21		36	36	31	31	31	31	
Frühschicht	22	22	22	22	22	22		32	32	32	32	32	32	
Frühschicht	23	23	23	23	26	26		33	33	33	33	36	36	
Frühschicht	24	24	24	24	24	24		34	34	34	34	34	34	
Frühschicht	25	25	26	26	25	25		35	35	36	36	35	35	
Spätschicht	31	31	31	31	31	31		11	11	16	16	11	11	
Spätschicht	36	36	32	32	32	32		12	12	12	12	12	12	
Spätschicht	33	33	33	33	33	33		16	16	13	13	13	13	
Spätschicht	34	34	34	34	36	36		14	14	14	14	14	14	
Spätschicht	35	35	35	35	35	35		15	15	15	15	16	16	
Nachtschicht	11	11	11	11	11		21	21	21	21	21	21		31
Nachtschicht	12	12	12	16	16		22	22	22	22	26	26		32
Nachtschicht	13	13	13	13	13		23	23	23	23	23	23		33
Nachtschicht	14	16	16	14	14		24	24	26	26	24	24		34
Nachtschicht	15	15	15	15	15		25	25	25	25	25	25		35

Im Besetzungsplan wird deutlich, dass die Teams 1–3 in diesen Schichtplan wochenweise versetzt starten und vor diesem Hintergrund die jeweils 6 Teil-Teams 11–16, 21–26 und 31–36 3wochenweise versetzt – also z. B. Teil-Team 11 in Woche 1 (wie immer in diesem Buch), Teil-Team 12 in Woche 4, Teil-Team 21 in Woche 2, etc. Was die Arbeitsplatzgruppen-Zuordnungen angeht, müssen hierin (wenn dies so organisiert werden kann und soll) nur die Teil-Teams 16, 26 und 36 wechseln – und werden in diesem Fall in allen Arbeitsplatzgruppen eingeplant.

Dieses Beispiel zeigt noch einmal besonders gut die Haupt-Nachteile von MBS Typ 1: zum einen langlaufende, unübersichtliche Schichtpläne, zum anderen viele und damit potenziell kleine Teil-Teams.

3×5:4-Systeme – Besetzungszahl 3,75
Hierfür möchte ich ein Beispiel mit ebenfalls 18 Betriebsschichten pro Woche vorstellen, in dem jedoch die Besetzung der Wochenendschichten um 25 % abgesenkt ist – siehe nachfolgende Abbildung. Darin ist beim selben 3:1-Grundrhythmus wie im 3×6:5-System eben immer nach 2 bzw. nach 1+2/2 Wochen eine halbe Woche frei. Bei z. B. 8 h Arbeitszeit pro Schicht wird hierin durchschnittlich 36 h 48 min/w Arbeitszeit erreicht. Im Besetzungsplan ist wiederum nur ein Teil-Team pro Team – in diesem Fall sind es die Teil-Teams 15, 25 und 25 – Arbeitsplatzgruppen-übergreifend eingeplant.

	Mo	Di	Mi	Do	Fr	Sa	So
Woche 1	-	-	-	F	F	F	N
Woche 2	N	N	N	N	N	-	-
Woche 3	S	S	S	-	-	-	-
Woche 4	F	F	F	F	F	F	-
Woche 5	N	N	N	N	N	-	-
Woche 6	-	-	-	S	S	S	-
Woche 7	F	F	F	F	F	-	N
Woche 8	N	N	-	-	-	-	-
Woche 9	S	S	S	S	S	-	-
Woche 10	F	F	F	F	F	F	-
Woche 11	-	-	N	N	N	-	-
Woche 12	S	S	S	S	S	S	-
Woche 13	F	F	F	-	-	-	N
Woche 14	N	N	N	N	N	-	-
Woche 15	S	S	S	S	S	-	-

	Woche 1							Woche 2							Woche 3							Woche 4						
	Mo	Di	Mi	Do	Fr	Sa	So	Mo	Di	Mi	Do	Fr	Sa	So	Mo	Di	Mi	Do	Fr	Sa	So	Mo	Di	Mi	Do	Fr	Sa	So
Frühschicht	15	15	15	11	11	11		25	25	25	21	21	21		35	35	35	31	31	31		11	11	11	11	11	11	
Frühschicht	12	12	12	15	15	15		22	22	22	25	25	25		32	32	32	35	35	35		15	15	15	12	12	12	
Frühschicht	13	13	13	13	13	13		23	23	23	23	23	23		33	33	33	33	33	33		13	13	13	15	15		
Frühschicht	14	14	14	14	14			24	24	24	24	24			34	34	34	34	34			14	14	14	14	14		
Spätschicht	21	21	21	21	21			31	31	31	31	31			11	11	11	15	15	15		21	21	21	25	25	25	
Spätschicht	22	22	22	22	22			32	32	32	32	32			12	12	12	12	12	12		22	22	22	22	22		
Spätschicht	23	23	23	23	23			33	33	33	33	33			13	13	13	13	13	13		23	23	23	23	23		
Spätschicht	25	25	25	24	24	24		35	35	35	34	34	34		14	14	14	14	14			24	24	24	24	24		
Nachtschicht	31	31	31	31	31			11	11	11	11	11			21	21	21	21	21			31	31	31	31	31		
Nachtschicht	35	35	32	32	32		12	12	12	12	12	12		22	22	22	22	22	22		32	32	32	32	32		12
Nachtschicht	33	33	35	35	35			15	15	13	13	13			25	25	23	23	23			35	35	33	33	33		13
Nachtschicht	34	34	34	34	34			14	14	14	15	15	15		24	24	24	25	25	25		34	34	34	34	34		15

	Woche 5							Woche 6							Woche 7							Woche 8						
	Mo	Di	Mi	Do	Fr	Sa	So	Mo	Di	Mi	Do	Fr	Sa	So	Mo	Di	Mi	Do	Fr	Sa	So	Mo	Di	Mi	Do	Fr	Sa	So
Frühschicht	21	21	21	21	21			31	31	31	31	31			11	11	11	11	11			21	21	21	21	21		
Frühschicht	25	25	25	22	22	22		35	35	35	32	32	32		12	12	12	12	12	12		22	22	22	22	22		
Frühschicht	23	23	23	23	25	25		33	33	33	35	35			15	15	15	13	13	13		25	25	25	23	23		
Frühschicht	24	24	24	24	24	24		34	34	34	34	34	34		14	14	14	15	15	15		24	24	24	25	25		
Spätschicht	31	31	31	35	35	35		15	15	15	11	11	11		25	25	25	21	21	21		35	35	35	31	31		
Spätschicht	32	32	32	32	32			12	12	12	12	15	15		22	22	22	22	25	25		32	32	32	32	32		
Spätschicht	33	33	33	33	33			13	13	13	13	13	13		23	23	23	23	23	23		33	33	33	33	33		
Spätschicht	34	34	34	34				14	14	14	14	14	14		24	24	24	24	24			34	34	34	34	34		
Nachtschicht	11	11	11	11	11			21	21	21	21	21			31	31	31	31	31			11	11	15	15	15		21
Nachtschicht	15	12	12	12	12		22	22	22	22	22	22		32	32	32	32	32			12	12	12	12	12		
Nachtschicht	13	13	13	13	13		23	23	23	23	23	23		33	33	33	33	33			13	13	13	13	13		23
Nachtschicht	15	15	14	14	14		25	25	25	24	24	24		35	35	34	34	34			14	14	14	14	14		24

	Woche 9							Woche 10							Woche 11							Woche 12						
	Mo	Di	Mi	Do	Fr	Sa	So	Mo	Di	Mi	Do	Fr	Sa	So	Mo	Di	Mi	Do	Fr	Sa	So	Mo	Di	Mi	Do	Fr	Sa	So
Frühschicht	31	31	31	31	31			11	11	11	11	11	11		21	21	21	21	21	21		31	31	31	31	31		
Frühschicht	32	32	32	32	32			12	12	12	12	12			22	22	22	22	22			32	32	32	32	32		
Frühschicht	35	35	35	33	33	33		13	13	13	13	13	13		23	23	23	23	23	23		33	33	33	33	33		
Frühschicht	34	34	34	35	35	35		15	15	15	14	14	14		25	25	25	24	24	24	35	34	34	34	34	34		
Spätschicht	11	11	11	11	11			21	21	21	21	21			31	31	31	31	31			11	11	11	11	11		
Spätschicht	15	15	15	12	12	12		25	25	25	22	22	22		35	35	35	32	32	32		12	12	12	12	12		
Spätschicht	13	13	13	15	15	15		23	23	23	25	25	25		33	33	33	35	35	35		15	15	15	13	13		
Spätschicht	14	14	14	14	14			24	24	24	24	24			34	34	34	34	34			14	14	14	15	15		
Nachtschicht	21	21	21	25	25	25		31	31	31	35	35		15	15	15	11	11	11			25	25	25	21	21		35
Nachtschicht	22	22	22	22	22			32	32	32	32	32		12	12	12	15	15	15		22	22	22	25	25	25		32
Nachtschicht	23	23	23	23	23			33	33	33	33			13	13	13	13	13			23	23	23	23	23		
Nachtschicht	24	24	24	24	24			34	34	34	34	34		14	14	14	14	14			24	24	24	24	24			34

	Woche 13							Woche 14							Woche 15						
	Mo	Di	Mi	Do	Fr	Sa	So	Mo	Di	Mi	Do	Fr	Sa	So	Mo	Di	Mi	Do	Fr	Sa	So
Frühschicht	11	11	11	15	15	15		21	21	21	25	25	25		31	31	31	35	35		
Frühschicht	12	12	12	12	12			22	22	22	22	22			32	32	32	32	32		
Frühschicht	13	13	13	13				23	23	23	23	23			33	33	33	33			
Frühschicht	14	14	14	14	14			24	24	24	24	24			34	34	34	34	34		
Spätschicht	21	21	21	21	21			31	31	31	31	31			11	11	11	11	11	11	
Spätschicht	22	22	22	22	22			32	32	32	32	32			12	12	12	12	12		
Spätschicht	25	25	25	23	23	23		35	35	35	33	33			15	15	15	13	13		
Spätschicht	24	24	24	25	25	25		34	34	34	35	35	35		15	15	15	14	14		
Nachtschicht	35	35	31	31	31			11	11	11	11	11			21	21	21	21	21		31
Nachtschicht	32	32	35	35	35			15	15	12	12	12			25	25	22	22	22		35
Nachtschicht	33	33	33	33				13	13	13	15	15	15		23	23	23	25	25	25	
Nachtschicht	34	34	34	34				14	14	14	14	14			24	24	24	24	24		

6.7 4:1-Systeme – Besetzungszahl 4,00

Nachdem in **Kap. 5** bereits ein vollkontinuierliches 4:1-System sehr ausführlich entwickelt worden ist, möchte ich hier mit **teilkontinuierlichen** 4:1-Systemen beginnen. Diese sind in der Praxis deshalb von relativ großer Bedeutung, weil sie die Einführung regelmäßiger Wochenendarbeit – ohne die in solchen Systemen übliche Regelarbeitszeitdauern kaum erreicht werden können – mit gegenüber dem herkömmlichen 3-Schichtbetrieb kürzeren Nachtschicht-Blöcken zu verbinden erlauben.

Nachfolgende Abbildung enthält ein Beispiel für 18 Betriebsschichten pro Woche, in dem bei kurzer Vorwärtsrotation durch die Schichtlagen immer nur 2 Nachtschichten in Folge zu leisten sind und bei z. B. 8 h Arbeitszeit pro Schicht durchschnittlich 36 h/w Arbeitszeit erreicht wird.

	Mo	Di	Mi	Do	Fr	Sa	So
Woche 1	-	F	F	S	S	S	N
Woche 2	N	-	-	F	F	F	-
Woche 3	S	N	N	-	-	-	-
Woche 4	F	S	S	N	N	-	-

	Woche 1							Woche 2							Woche 3							Woche 4						
	Mo	Di	Mi	Do	Fr	Sa	So	Mo	Di	Mi	Do	Fr	Sa	So	Mo	Di	Mi	Do	Fr	Sa	So	Mo	Di	Mi	Do	Fr	Sa	So
Frühschicht	2	1	1	4	4	4		3	2	2	1	1			4	3	3	2	2			1	4	4	3	3	3	
Spätschicht	3	2	2	1	1	1		4	3	3	2	2			1	4	4	3	3			2	1	1	4	4	4	
Nachtschicht	4	3	3	2	2		1	1	4	4	3	3		2	2	1	1	4	4		3	3	2	2	1	1		4

Dieses und verwandte Schichtsystem/e empfehlen sich jedoch nur dann, wenn Betriebszeit und Besetzungen im Mittel höchstens geringfügig reduziert werden, weil hierin Zusatzschichten unter der Woche nicht an allen Tagen und in allen Schichten möglich sind, was deren systematischen Einsatz für Vertretungen ausschließt. Eine Variation der Betriebszeit ist im Rahmen der Wochenplanung im Extrem aber bis hin zum vollkontinuierlichen Schichtbetrieb (wenn auch nur an bis zu 50 % der Arbeitsplätze) wie folgt möglich, wobei im Übrigen auch Arbeitszeit-Präferenzen der Mitarbeiter*innen gut berücksichtigt werden können:

- In Schichtplan-Woche 1 arbeitet die Hälfte des betreffenden Teams am Samstag in Nacht- statt in Spätschicht.
- In Schichtplan-Woche 2 wird für jeweils die Hälfte des betreffenden Teams am Sonntag Früh- bzw. Spätschicht angesagt.

Ist der durchschnittliche Betriebszeit-Bedarf geringer, kann in teilkontinuierlichen 4:1-Systemen gearbeitet werden, in denen zu einem konventionellen 3-Schichtplan eine Disposchicht-Woche hinzukommt – wie im Beispiel in nachfolgender Abbildung. Ein solches Schichtsystem eignet sich besonders für den Fall häufig wechselnder Schicht-Besetzungsstärken. Die Mitglieder des jeweils in der Disposchicht-Woche befindlichen Teams werden im Rahmen der Wochenplanung unter weitest möglicher Berücksichtigung der Arbeitszeit- und Freizeitwünsche aller (!) Mitarbeiter*innen je nach Vertretungs- und Besetzungsbedarf auf die 3 anderen Teams verteilt oder haben auf Arbeitszeitkonto frei. Letzteres setzt voraus, dass auf der anderen Seite auch Arbeitszeitguthaben erworben werden, was vorliegend entweder durch über die anteiligen Vertragsarbeitszeiten hinausgehende schichtplanmäßige Arbeitszeiten und/oder Zusatzschichten an schichtplanmäßig arbeitsfreien Tagen geschehen kann.

	Mo	Di	Mi	Do	Fr	Sa	So
Woche 1	F	F	F	F	F	-	-
Woche 2	N	N	N	N	N	-	-
Woche 3	S	S	S	S	S	-	-
Woche 4	D	D	D	D	D	-	

	Woche 1							Woche 2							Woche 3							Woche 4						
	Mo	Di	Mi	Do	Fr	Sa	So	Mo	Di	Mi	Do	Fr	Sa	So	Mo	Di	Mi	Do	Fr	Sa	So	Mo	Di	Mi	Do	Fr	Sa	So
Frühschicht	1	1	1	1	1			2	2	2	2	2			3	3	3	3	3			4	4	4	4	4		
Spätschicht	3	3	3	3	3			4	4	4	4	4			1	1	1	1	1			2	2	2	2	2		
Nachtschicht	4	4	4	4	4			1	1	1	1	1			2	2	2	2	2			3	3	3	3	3		
Disposchicht	2	2	2	2	2			3	3	3	3	3			4	4	4	4	4			1	1	1	1	1	1	

Für den **vollkontinuierlichen** Schichtbetrieb habe ich in **Kap. 5** bereits ein 4:1-System mit 3 Schichten pro Tag entwickelt. Dies möchte ich an dieser Stelle zunächst nur durch Abb. 6.1 ergänzen, die die besten mir aktuell bekannten solchen, sämtlich kalendarischen Schichtpläne A-F zeigt (unter ihnen als Plan C den Schichtplan aus Kap. 5).

Alle diese Schichtpläne sind den in Abschn. 5.3.1 vorgestellten arbeitswissenschaftlichen Empfehlungen verpflichtet, enthalten jedoch stets 7 Schichten in Folge. Weniger Arbeitstage am Stück werden am einfachsten dadurch ermöglicht, dass am Sonntag in 2 Schichten (dann à ca. 12 h Dauer) gearbeitet wird, wie dies viele Tarifverträge ermöglichen und ansonsten auch Aufsichtsbehörden in der Regel unproblematisch genehmigen, weil dann am Sonntag weniger

6 Alle einfachen Schichtsysteme ...

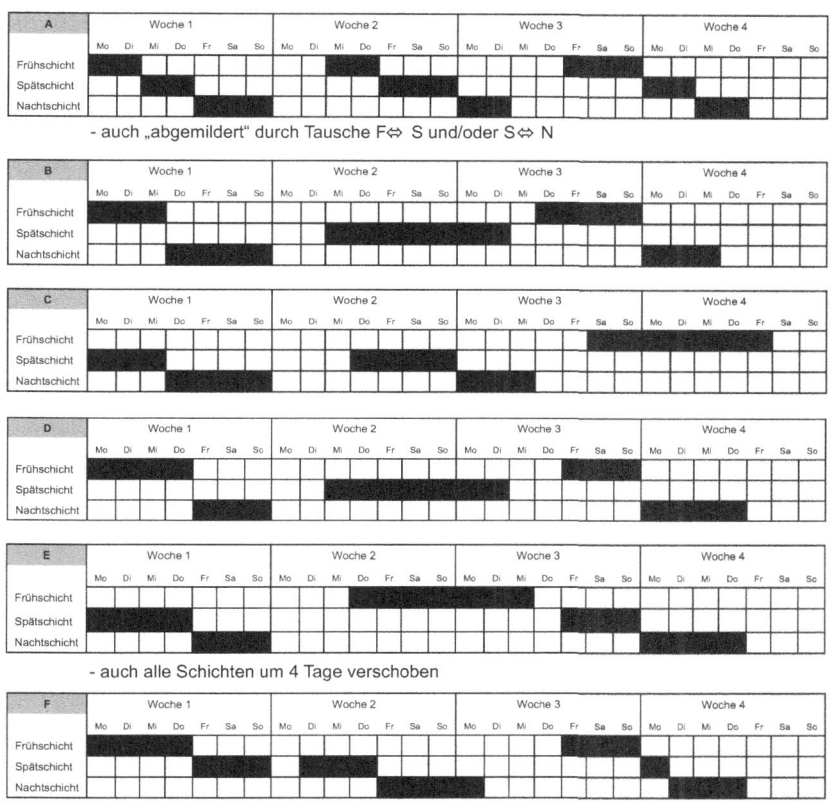

Abb. 6.1 Einfache 4:1-Schichtpläne mit 3 Schichten pro Tag und maximal 4 Nachtschichten in Folge

Mitarbeiter*innen arbeiten müssen. Nachfolgende Abbildung zeigt einen solchen 4:1-Schichtplan mit maximal 6 Arbeitstagen (einmal in 4 Wochen) und ansonsten jeweils zweimal 3 und 4 Arbeitstagen am Stück.

	Mo	Di	Mi	Do	Fr	Sa	So
Woche 1	F	F	S	S	S	S	-
Woche 2	N	N	N	-	-	F	F+
Woche 3	S	S	-	N	N	N	N+
Woche 4	-	-	F	F	F	-	-

| | Woche 1 ||||||| Woche 2 ||||||| Woche 3 ||||||| Woche 4 |||||||
	Mo	Di	Mi	Do	Fr	Sa	So	Mo	Di	Mi	Do	Fr	Sa	So	Mo	Di	Mi	Do	Fr	Sa	So	Mo	Di	Mi	Do	Fr	Sa	So
Frühschicht	1	1	2	2	2	4	4	2	2	3	3	3	1	1	3	3	4	4	4	2	2	4	4	1	1	1	3	3
Spätschicht	3	3	1	1	1	1		4	4	2	2	2	2		1	1	3	3	3	3		2	2	4	4	4	4	
Nachtschicht	4	4	3	3	3	3	3	1	1	1	4	4	4	4	2	2	2	1	1	1	1	3	3	3	2	2	2	2

Und hier auch gleich der Preis, der dafür zu bezahlen ist – den Schichtplan, der keinerlei Nachteile hat, gibt es schließlich nicht: Zwischen den einzelnen Arbeits-Blöcken ist immer nur ca. 48 h frei. Allerdings kommen bei üblichen Arbeitszeitdauern pro Schicht und üblicher Regelarbeitszeitdauer noch individuelle Freischichten hinzu, die wegen der überwiegend kurzen Arbeits-Blöcke diese kurzen Zwischenfreizeiten oft verlängern können.

Wird auch am Samstag in 12 h-Schichten gearbeitet – wofür in aller Regel eine aufsichtsbehördliche Genehmigung erforderlich ist –, ist in einem ähnlichen Schichtplan sogar nur maximal 5 Arbeitstage in Folge zu arbeiten (und das auch nur einmal in 4 Wochen), was zugleich zu 2 komplett freien Wochenenden innerhalb des 4-Wochen-Zyklus führt – siehe nachfolgende Abbildung.

	Mo	Di	Mi	Do	Fr	Sa	So
Woche 1	F	F	F	F	F	-	-
Woche 2	N	N	N	-	-	F+	F+
Woche 3	S	S	-	N	N	N+	N+
Woche 4	-	-	S	S	S	-	-

	Woche 1							Woche 2							Woche 3							Woche 4						
	Mo	Di	Mi	Do	Fr	Sa	So	Mo	Di	Mi	Do	Fr	Sa	So	Mo	Di	Mi	Do	Fr	Sa	So	Mo	Di	Mi	Do	Fr	Sa	So
Frühschicht	1	1	1	1	1	4	4	2	2	2	2	2	1	1	3	3	3	3	3	2	2	4	4	4	4	4	3	3
Spätschicht	3	3	2	2	2			4	4	3	3	3			1	1	4	4	4			2	2	1	1	1		
Nachtschicht	4	4	4	3	3	3	3	1	1	1	4	4	4	4	2	2	2	1	1	1	1	3	3	3	2	2	2	2

An dieser Stelle sollen nun – wie in **Kap. 3** angekündigt – die Optionen zur Kopplung von Schichtsystemen mit 8 h- und 12 h-Schichten mit dem begleitenden Arbeitszeitkonto exemplarisch vorgestellt werden. Dazu nehme ich an, dass im zuletzt vorgestellten Schichtplan pro 8 h-Schicht bei 30 min unbezahlter Pausenzeit und 15 min Übergabe- und Umkleidezeit 7 h 45 min Arbeitszeit anfällt und pro 12 h-Schicht bei (wie hier gesetzlich mindestens erforderlich) 45 min unbezahlter Pausenzeit und ebenfalls 15 min Übergabe- und Umkleidezeit 11 h 30 min Arbeitszeit. Die Vertragsarbeitszeit betrage 38 h/w, der Urlaubsanspruch 30 Tage (bei 5-Tage-Woche).

Die einfachste Möglichkeit zur Kopplung von Schichtplan und Arbeitszeitkonto ist es dann, die Vertragsarbeitszeit trotz der unterschiedlichen Arbeitszeitdauern pro Schicht gleichmäßig auf die im zuletzt vorgestellten Schichtplan 19 Schichten pro 4-Wochen-Zyklus zu verteilen – bei Vollzeitbeschäftigung also à [38 h/w × 4 w : 19

Schichten =] 8 h; gleichzeitig ist der Urlaubsanspruch wegen der durchschnittlichen 4,75-Tage-Woche in [30 : 5 × 4,75 =] 28,5 Tage pro Jahr umzurechnen. Dies führt jedoch dazu, dass bei Vollzeitbeschäftigung bei planmäßiger Leistung einer Früh-, Spät- und Nachtschicht im Arbeitszeitkonto ein (wenn auch nur kleines) Minus von 15 min entsteht, während sich das Arbeitszeitkonto bei Erkrankung vor Abschluss der Wochenplanung sowie bei Urlaub nicht bewegt. Dem steht bei planmäßiger Leistung einer 12 h-Schicht ein sehr deutliches Arbeitszeitkonto-Plus von 3 h 30 min gegenüber. Diese erhebliche Unwucht kann für Mitarbeiter*innen einen Anreiz darstellen, sich in 8 h-Schichten *vor* und in 12 h-Schichten *nach* Abschluss der Wochenplanung krank zu melden und Urlaube an Samstagen und Sonntagen wegen des dadurch ausfallenden Arbeitszeitkonto-Aufbaus zu meiden.

Vor diesem Hintergrund kann erwogen werden, die Ansparraten im Arbeitszeitkonto proportional zur Arbeitszeitdauer pro Schicht zu gestalten. Dazu ist zunächst die durchschnittliche Ansparrate pro Arbeitsstunde zu ermitteln. Da in unserem Beispiel in 4 Wochen planmäßig [15 × 7 h 45 min + 4 × 11 h 30 min =] 162 h 15 min gearbeitet wird gegenüber der Regelarbeitszeit von [38 h/w × 4 w =] 152 h, beträgt der Ansparfaktor ca. 4 min/h. Damit könnte in der 8 h-Schicht die Tages-Vertragsarbeitszeit z. B. mit 7 h 16 min angesetzt werden und in der 12 h-Schicht mit 10 h 45 min, wodurch im 4-Wochen-Zyklus die 38 h-Woche wie erforderlich (und in diesem Fall sogar ungerundet auf die Minute genau) erreicht wird. Damit käme es auf dem Arbeitszeitkonto zu den folgenden Standard-Bewegungen:

- planmäßig zu leistende 8 h-Schicht: **+29 min**
- planmäßig zu leistende 12 h-Schicht: **+45 min**
- planmäßig frei an einem Tag mit 8 h-Schicht: **−7 h 16 min**
- planmäßig frei an einem Tag mit 12 h-Schicht: **−10 h 45 min**
- krankheitsbedingter Arbeitsausfall dann, wenn noch nicht feststeht, wie gearbeitet worden wäre, sowie Urlaub: **±0 h**

Dies erforderte allerdings ein Urlaubsstundenkonto (siehe hierzu **Kap. 3**). Alternativ könnte aber auch auf eine Quotierung der Urlaubstage nach ihrer Dauer gesetzt werden, sodass vorliegend 4/19 der 28,5 Urlaubstage, also genau 6, auf 12 h-Schichten entfallen müssen und der Rest auf 8 h-Schichten. In der betrieblichen Praxis ist in solchen Fällen oft geregelt, dass für 12 h-Schichten 1,5 Urlaubstage einzusetzen sind – was eigentlich schon einem Urlaubsstundenkonto entspricht. Dies ist jedoch zum einen rechnerisch nicht ganz sauber und führt zum anderen dazu, dass (in unserem Beispiel) nicht mehr 19 Schichten pro 4-Wochen-Zyklus, sondern wegen der 1,5fach zu rechnenden langen Wochenendschichten rechnerisch 21 Schichten zu leisten sind mit der Folge, dass wegen der dann rechnerisch gegebenen 5,25-Tage-Woche der umgerechnete Urlaubsanspruch 31,5 Tage pro Jahr beträgt. Und das muss dann alles auch noch den hiervon betroffenen Mitarbeiter*innen erklärt werden…

Abschließend nun noch zwei 4:1-Schichtpläne, in denen ausschließlich in 12 h-Schichten gearbeitet wird und die daher in der Regel der aufsichtsbehördlichen Genehmigung bedürfen. Mein erstes Beispiel – in nachfolgender Abbildung – ist ein auf der recht verbreiteten 4-Tage-Schichtenfolge F+ N+ – – (die zu einem arithmetischen Schichtplan führt) basierender kalendarischer Schichtplan, in dem zur Gewährleistung besserer Wochenend-Freizeit und in diesem Zusammenhang eines auf ca. 96 h verlängerten Freizeit-Blocks alle 4 Wochen zweimal 3 Tage und darin einmal 2 lange Früh- und einmal 2 lange Nachtschichten am Stück zu arbeiten ist.

	Mo	Di	Mi	Do	Fr	Sa	So
Woche 1	F+	N+	–	–	F+	N+	N+
Woche 2	–	–	F+	N+	–	–	–
Woche 3	–	F+	N+	–	–	F+	F+
Woche 4	N+	–	–	F+	N+	–	–

	Woche 1							Woche 2							Woche 3							Woche 4						
	Mo	Di	Mi	Do	Fr	Sa	So	Mo	Di	Mi	Do	Fr	Sa	So	Mo	Di	Mi	Do	Fr	Sa	So	Mo	Di	Mi	Do	Fr	Sa	So
Frühschicht	1	3	4	2	1	3	3	2	4	1	3	2	4	4	3	1	2	4	3	1	1	4	2	3	1	4	2	2
Nachtschicht	2	1	3	4	2	1	1	3	2	4	1	3	2	2	4	3	1	2	4	3	3	1	4	2	3	1	4	4

Anhand dieses Schichtplans können die wichtigsten potenziellen Vorteile von reinen 12 h- gegenüber reinen 8 h-Schichtsystemen im vollkontinuierlichen Schichtbetrieb demonstriert werden:

- kurze Arbeits-Blöcke (wie zum Ausgleich der Belastung durch die langen Schichten auch geboten): 2/3 der Arbeits-Blöcke dauern vorliegend 2, 1/3 3 Tage. In vollkontinuierlichen 4:1-Systemen auf 8 h-Basis ist dagegen, siehe oben, in aller Regel immer 7 Tage in Folge zu arbeiten;
- nach den langen Frühschichten ist grundsätzlich ca. 24 h frei – statt nach normal langen Frühschichten häufig nur ca. 16 h;
- grundsätzlich einzelne (dafür allerdings natürlich lange) Nachtschichten mit anschließend ca. 48 h frei – statt in der Regel 3–4 solcher Schichten (allerdings normaler Länge) in Folge;
- 1/3 weniger Arbeitstage – und damit entsprechend geringere unbezahlte individuelle Wege- und Rüstzeiten;
- ca. 50 % mehr freie Abende;
- jedes 2. Wochenende frei – wenngleich im vorliegenden Schichtplan wegen der in Woche 4 vorlaufenden einzelnen (!) Freitag-Nachtschicht nicht komplett (siehe hierzu aber auch den folgenden 4:1-Schichtplan);
- weniger Übergaben – und damit weniger Kosten und Fehler-Quellen;
- höhere Flexibilität – z. B. für Schichtentausche und Vertretungen in anderen Schichten.

Abschließend nun noch ein weiterer, extrem regelmäßiger 4:1-Schichtplan auf 12 h-Basis, in dem immer jeweils 2 Wochen lang in Früh- bzw. Nachtschicht gearbeitet wird (alternativ könnte die Arbeitszeitlage aber auch von Arbeits-Block zu Arbeits-Block wechseln) und jedes 2. Wochenende komplett frei ist – siehe nachfolgende Abbildung.

```
         Mo Di Mi Do Fr Sa So
Woche 1  F+ F+ -  -  F+ F+ F+
Woche 2  -  -  F+ F+ -  -  -
Woche 3  N+ N+ -  -  N+ N+ N+
Woche 4  -  -  N+ N+ -  -  -
```

	Woche 1							Woche 2							Woche 3							Woche 4						
	Mo	Di	Mi	Do	Fr	Sa	So	Mo	Di	Mi	Do	Fr	Sa	So	Mo	Di	Mi	Do	Fr	Sa	So	Mo	Di	Mi	Do	Fr	Sa	So
Frühschicht	1	1	4	4	1	1	1	2	2	1	1	2	2	2	3	3	2	2	3	3	3	4	4	3	3	4	4	4
Nachtschicht	3	3	2	2	3	3	3	4	4	3	3	4	4	4	1	1	4	4	1	1	1	2	2	1	1	2	2	2

Ein nicht auf den ersten Blick erkennbarer Vorteil dieses Schichtplans ist, dass sich die Mitarbeiter*innen hierin feste Partner*innen vergleichbarer Qualifikation in dem Team suchen können, das an ihren Arbeitstagen in der Gegenschicht eingeplant ist, mit dem sie Arbeits-Block-weise die Schichtlage tauschen können (und zwar auch für längere Zeiträume und prinzipiell sogar auch auf Dauer) – bei entsprechender Aufhebung der Teambindung. Der Besetzungsplan zeigt, dass sich Mitarbeiter*innen in Team 1 bei Bedarf eine*n solche*n Partner*in (oder auch mehrere) in Team 3 suchen müssen und vice versa und Mitarbeiter*innen in Team 2 eine*n Partner*in (oder auch mehrere) in Team 4 und vice versa.

6.8 MBS mit einer Besetzungszahl von 4,00 bis unter 5,00

4×2:2-Systeme – Besetzungszahl 4,00

Das folgende MBS Typ 1 wurde für einen 24/7-Betrieb entwickelt, der am Wochenende mit hälftiger Besetzung der Betriebsschichten auskommt. Hier werden die jeweiligen (nach Auftragslage) Engpass-Maschinen besetzt, was eine entsprechend hohe Einsatz-Flexibilität der Mitarbeiter*innen voraussetzt. Nachfolgende Abbildung zeigt den Schicht- und Besetzungsplan.

	Mo	Di	Mi	Do	Fr	Sa	So
Woche 1	F	F	F	F	F	-	-
Woche 2	N	N	N	-	-	F	F
Woche 3	S	S	-	N	N	-	-
Woche 4	-	-	S	S	S	-	-
Woche 5	F	F	F	F	F	-	-
Woche 6	N	N	N	-	-	S	S
Woche 7	S	S	-	N	N	N	N
Woche 8	-	-	S	S	S	-	-

	Woche 1							Woche 2							Woche 3							Woche 4						
	Mo	Di	Mi	Do	Fr	Sa	So	Mo	Di	Mi	Do	Fr	Sa	So	Mo	Di	Mi	Do	Fr	Sa	So	Mo	Di	Mi	Do	Fr	Sa	So
Frühschicht	11	11	11	11	11	42	42	21	21	21	21	21	11	11	31	31	31	31	31	21	21	41	41	41	41	41	31	31
Frühschicht	12	12	12	12	12			22	22	22	22	22			32	32	32	32	32			42	42	42	42	42		
Spätschicht	31	31	21	21	21	41	41	41	41	31	31	31	12	12	11	11	41	41	41	22	22	21	21	11	11	11	32	32
Spätschicht	32	32	22	22	22			42	42	32	32	32			12	12	42	42	42			22	22	12	12	12		
Nachtschicht	41	41	41	31	31	31	31	11	11	11	41	41	41	41	21	21	21	11	11	12	12	31	31	31	21	21	22	22
Nachtschicht	42	42	42	32	32			12	12	12	42	42			22	22	22	12	12			32	32	32	22	22		

	Woche 5							Woche 6							Woche 7							Woche 8						
	Mo	Di	Mi	Do	Fr	Sa	So	Mo	Di	Mi	Do	Fr	Sa	So	Mo	Di	Mi	Do	Fr	Sa	So	Mo	Di	Mi	Do	Fr	Sa	So
Frühschicht	11	11	11	11	11	41	41	21	21	21	21	21	12	12	31	31	31	31	31	22	22	41	41	41	41	41	32	32
Frühschicht	12	12	12	12	12			22	22	22	22	22			32	32	32	32	32			42	42	42	42	42		
Spätschicht	31	31	21	21	21	42	42	41	41	31	31	31	11	11	11	11	41	41	41	21	21	21	21	11	11	11	31	31
Spätschicht	32	32	22	22	22			42	42	32	32	32			12	12	42	42	42			22	22	12	12	12		
Nachtschicht	41	41	41	31	31	32	32	11	11	11	41	41	42	42	21	21	21	11	11	11	11	31	31	31	21	21	21	21
Nachtschicht	42	42	42	32	32			12	12	12	42	42			22	22	22	12	12			32	32	32	22	22		

Wegen der systematisch abgesenkten Wochenend-Besetzung ist dieser Schichtplan deutlich wochenendfreundlicher, als es 4:1-Schichtpläne mit durchgehend voll besetzten Schichten sein können. Darüber hinaus weist er maximal 5 Arbeitstage in Folge auf (in Form einer Frühschicht-Woche Montag-Freitag jede 4. Woche) sowie maximal 4 Nachtschichten am Stück (und das auch nur einmal in 8 Wochen). Bei z. B. 8 h Arbeitszeit pro Schicht wird in ihm durchschnittlich 36 h/w Arbeitszeit erreicht.

Der Besetzungsplan zeigt, dass die beiden Teil-Teams der 4 Teams in diesen Schichtplan jeweils 4wochenweise versetzt starten (die Teams 11 und 12 also z. B. in den Wochen 1 und 5). Die Schichtplan-Wochen 1–4 und 5–8 sind mit Ausnahme der Wochenend-Schichten identisch, in denen ja immer nur ein Teil-Team eingeplant ist.

9:2-Systeme – Besetzungszahl 4,50
Solche MBS Typ 2 werden gelegentlich zum einen deshalb gewählt, weil in ihnen im voll besetzten vollkontinuierlichen Schichtbetrieb übliche Regelarbeitszeitdauern gut erreicht werden können: Bei z. B. 8 h Arbeitszeit pro Schicht kommen die Mitarbeiter*innen hierin auf durchschnittlich 37 h20 min/w Arbeitszeit. Ein anderer Grund hierfür ist, dass hiermit eine regelmäßige Durchmischung der Schicht-Besetzungen erreicht wird.

Dem folgenden Beispiel in nachfolgender Abbildung liegt die aus arbeitswissenschaftlicher Sicht günstige 9-Tage-Schichtenfolge F F S S N N – – – zugrunde, sodass es sich um einen arithmetischen Schichtplan mit den Ihnen mittlerweile bekannten Vor- und Nachteilen handelt. Der Besetzungsplan zeigt, dass jedes Team täglich wechselnd mit nur 2 der 8 anderen Teams zusammenarbeitet und nur ein Team (in diesem Beispiel ist dies Team 5) in beiden Arbeitsplatzgruppen einsetzbar sein muss.

	Mo	Di	Mi	Do	Fr	Sa	So
Woche 1	F	F	S	S	N	N	-
Woche 2	-	-	F	F	S	S	N
Woche 3	S	-	-	-	F	F	S
Woche 4	S	N	N	-	-	-	F
Woche 5	F	S	S	N	N	-	-
Woche 6	-	F	F	S	S	N	N
Woche 7	-	-	-	F	F	S	S
Woche 8	N	N	-	-	-	F	F
Woche 9	S	S	N	N	-	-	-

	Woche 1							Woche 2							Woche 3						
	Mo	Di	Mi	Do	Fr	Sa	So	Mo	Di	Mi	Do	Fr	Sa	So	Mo	Di	Mi	Do	Fr	Sa	So
Frühschicht	1	1	5	4	4	3	3	2	2	1	1	5	4	4	3	3	2	2	1	1	5
Frühschicht	6	5	9	9	8	8	7	7	6	6	5	9	9	8	8	7	7	6	6	5	9
Spätschicht	2	2	1	1	5	4	4	3	3	2	2	1	1	5	4	4	3	3	2	2	1
Spätschicht	7	6	6	5	9	9	8	8	7	7	6	6	5	9	9	8	8	7	7	6	6
Nachtschicht	3	3	2	2	1	1	5	4	4	3	3	2	2	1	1	5	4	4	3	3	2
Nachtschicht	8	7	7	6	6	5	9	9	8	8	7	7	6	6	5	9	9	8	8	7	7

	Woche 4							Woche 5							Woche 6						
	Mo	Di	Mi	Do	Fr	Sa	So	Mo	Di	Mi	Do	Fr	Sa	So	Mo	Di	Mi	Do	Fr	Sa	So
Frühschicht	4	4	3	3	2	2	1	1	5	4	4	3	3	2	2	1	1	5	4	4	3
Frühschicht	9	8	8	7	7	6	6	6	5	9	9	8	8	7	7	6	6	5	9	9	8
Spätschicht	1	5	4	4	3	3	2	2	1	1	5	4	4	3	3	2	2	1	1	5	4
Spätschicht	5	9	9	8	8	7	7	6	6	5	9	9	8	8	7	7	6	6	5	9	9
Nachtschicht	2	1	1	5	4	4	3	3	2	2	1	1	5	4	4	3	3	2	2	1	1
Nachtschicht	6	6	5	9	9	8	8	7	7	6	6	5	9	9	8	8	7	7	6	6	5

	Woche 7							Woche 8							Woche 9						
	Mo	Di	Mi	Do	Fr	Sa	So	Mo	Di	Mi	Do	Fr	Sa	So	Mo	Di	Mi	Do	Fr	Sa	So
Frühschicht	3	2	2	1	1	5	4	4	3	3	2	2	1	1	5	4	4	3	3	2	2
Frühschicht	7	7	6	6	5	9	9	8	8	7	7	6	6	5	9	9	8	8	7	7	6
Spätschicht	4	3	3	2	2	1	1	5	4	4	3	3	2	2	1	1	5	4	4	3	3
Spätschicht	8	8	7	7	6	6	5	9	9	8	8	7	7	6	6	5	9	9	8	8	7
Nachtschicht	5	4	4	3	3	2	2	1	1	5	4	4	3	3	2	2	1	1	5	4	4
Nachtschicht	9	9	8	8	7	7	6	6	5	9	9	8	8	7	7	6	6	5	9	9	8

Zur Verbesserung der in diesem Schichtplan vorliegenden Wochenendunfreundlichkeit – es gibt nur ein komplett freies Wochenende in 9 Wochen – kann es sich anbieten, am Sonntag 12 h-Schichten zu fahren, weil dies pro 9-Wochen-Zyklus immerhin ein zweites komplett freies Wochenende generiert: und dazu ein deutlich verlängertes, das bereits Donnerstagfrüh beginnt. Schicht- und zugehöriger Beispiel-Besetzungsplan – in dem sich die Kooperationsverhältnisse dadurch nicht ändern – werden in nachfolgender Abbildung vorgestellt.

	Mo	Di	Mi	Do	Fr	Sa	So
Woche 1	F	F	S	S	N	N	-
Woche 2	-	-	F	F	S	S	N+
Woche 3	N	-	-	-	F	F	F+
Woche 4	S	N	N	-	-	-	-
Woche 5	F	S	S	N	N	-	-
Woche 6	-	F	F	S	S	N	N+
Woche 7	-	-	-	F	F	S	-
Woche 8	N	N	-	-	-	F	F+
Woche 9	S	S	N	N	-	-	-

	Woche 1							Woche 2							Woche 3						
	Mo	Di	Mi	Do	Fr	Sa	So	Mo	Di	Mi	Do	Fr	Sa	So	Mo	Di	Mi	Do	Fr	Sa	So
Frühschicht	1	1	5	4	4	3	3	2	2	1	1	5	4	4	3	3	2	2	1	1	1
Frühschicht	6	5	9	9	8	8	8	7	6	6	5	9	9	9	8	7	7	6	6	5	5
Spätschicht	2	2	1	1	5	4		3	3	2	2	1	1		4	4	3	3	2	2	
Spätschicht	7	6	6	5	9	9		8	7	7	6	6	5		9	8	8	7	7	6	
Nachtschicht	3	3	2	2	1	1	5	4	4	3	3	2	2	1	1	5	4	4	3	3	2
Nachtschicht	8	7	7	6	6	5	9	9	8	8	7	7	6	6	5	9	9	8	8	7	7

	Woche 4							Woche 5							Woche 6						
	Mo	Di	Mi	Do	Fr	Sa	So	Mo	Di	Mi	Do	Fr	Sa	So	Mo	Di	Mi	Do	Fr	Sa	So
Frühschicht	4	4	3	3	2	2	2	1	5	4	4	3	3	3	2	1	1	5	4	4	4
Frühschicht	9	8	8	7	7	6	6	5	9	9	9	8	8	7	7	6	6	5	9	9	8	8
Spätschicht	1	5	4	4	3	3		2	1	1	5	4	4		3	2	2	1	1	5	
Spätschicht	5	9	9	8	8	7		6	6	5	9	9	8		7	7	6	6	5	9	
Nachtschicht	2	1	1	5	4	4	3	3	2	2	1	1	5	4	4	3	3	2	2	1	1
Nachtschicht	6	6	5	9	9	8	8	7	7	6	6	5	9	9	8	8	7	7	6	6	5

	Woche 7							Woche 8							Woche 9						
	Mo	Di	Mi	Do	Fr	Sa	So	Mo	Di	Mi	Do	Fr	Sa	So	Mo	Di	Mi	Do	Fr	Sa	So
Frühschicht	3	2	2	1	1	5	5	4	3	3	2	2	1	1	5	4	4	3	3	2	2
Frühschicht	7	7	6	6	5	9	9	8	8	7	7	6	6	6	9	9	8	8	7	7	7
Spätschicht	4	3	3	2	2	1		4	4	3	3	2	2		1	1	5	4	4	3	
Spätschicht	8	8	7	7	6	6		9	9	8	8	7	7		6	5	9	9	8	8	
Nachtschicht	5	4	4	3	3	2	2	1	1	5	4	4	3	3	2	2	1	1	5	4	4
Nachtschicht	9	9	8	8	7	7	6	6	5	9	9	8	8	7	7	6	6	5	9	9	8

6.9 5:1-Systeme – Besetzungszahl 5,00

Solche einfachen Schichtsysteme kommen bei üblichen Regelarbeitszeitdauern nur für den voll besetzten vollkontinuierlichen Schichtbetrieb infrage, wenn durch sie nicht zugleich zusätzliche Schichten abgedeckt werden sollen – und in diesem Zusammenhang habe ich sie bereits ausführlich in **Kap. 5** vorgestellt. Daher sollen an dieser Stelle nur noch einige wenige weitere 5:1-Schichtpläne auf 8 h-Basis gezeigt und soll anschließend auf 5:1-Systeme mit 12 h-Schichten am Wochenende sowie an allen Wochentagen eingegangen werden.

Zunächst möchte ich – in nachfolgender Abbildung – ein 5:1-System vorstellen, in dem es (wie in demjenigen aus **Kap. 5**) halbe potenzielle Vertretungswochen gibt, in dem jedoch anders als beim obigen System zum einen die besonders belastende Schichtenfolge N – – F planmäßig nicht vorkommt und zum anderen dann nur maximal 6 Tage in Folge gearbeitet werden muss, wenn mittels Flexi-Spielregel zusätzlich bestimmt wird, dass in den Disposchicht-Blöcken immer mindestens 1 Tag frei sein muss.

	Mo	Di	Mi	Do	Fr	Sa	So
Woche 1	F	F	F	D	D	D	D
Woche 2	N	N	N	-	-	S	S
Woche 3	S	S	-	F	F	F	F
Woche 4	D	D	D	N	N	N	N
Woche 5	-	-	S	S	S	-	-

	Woche 1							Woche 2							Woche 3						
	Mo	Di	Mi	Do	Fr	Sa	So	Mo	Di	Mi	Do	Fr	Sa	So	Mo	Di	Mi	Do	Fr	Sa	So
Frühschicht	1	1	1	4	4	4	4	2	2	2	5	5	5	5	3	3	3	1	1	1	1
Spätschicht	4	4	2	2	5	5	5	5	3	3	3	1	1	1	1	4	4	4	2	2
Nachtschicht	5	5	5	3	3	3	3	1	1	1	4	4	4	4	2	2	2	5	5	5	5
Disposchicht	3	3	3	1	1	1	1	4	4	4	2	2	2	2	5	5	5	3	3	3	3

	Woche 4							Woche 5						
	Mo	Di	Mi	Do	Fr	Sa	So	Mo	Di	Mi	Do	Fr	Sa	So
Frühschicht	4	4	4	2	2	2	2	5	5	5	3	3	3	3
Spätschicht	2	2	5	5	5	3	3	3	3	1	1	1	4	4
Nachtschicht	3	3	3	1	1	1	1	4	4	4	2	2	2	2
Disposchicht	1	1	1	4	4	4	4	2	2	2	5	5	5	5

Nun ein sehr ähnlicher Schichtplan mit 12 h-Schichten am Samstag und am Sonntag, in dem die hierdurch gewonnenen 2 zusätzlichen schichtplanmäßig freien Tage dazu genutzt werden, dass nach allen planmäßigen Nachtschicht-Blöcken 3 (statt 2) Tage frei ist – siehe nachfolgende Abbildung. Auch hier empfiehlt sich wieder die Flexi-Spielregel, dass in jedem Disposchicht-Block mindestens 1 Tag frei sein muss. Dieser Schichtplan ist auch mit 12 h-Schichten nur am Sonntag denkbar: Dann kommt in Schichtplan-Woche 5 wochenendschädlich noch die Samstag-Spätschicht hinzu.

	Mo	Di	Mi	Do	Fr	Sa	So
Woche 1	F	F	F	F	D	D	D
Woche 2	N	N	N	-	-	-	-
Woche 3	S	S	S	-	F	F+	F+
Woche 4	D	D	D	D	N	N+	N+
Woche 5	-	-	-	S	S	-	-

	Woche 1							Woche 2							Woche 3						
	Mo	Di	Mi	Do	Fr	Sa	So	Mo	Di	Mi	Do	Fr	Sa	So	Mo	Di	Mi	Do	Fr	Sa	So
Frühschicht	1	1	1	1	4	4	4	2	2	2	2	5	5	5	3	3	3	3	1	1	1
Spätschicht	4	4	4	2	2			5	5	5	3				1	1	1	4	4		
Nachtschicht	5	5	5	5	3	3	3	1	1	1	1	4	4	4	2	2	2	2	5	5	5
Disposchicht	3	3	3	3	1	1	1	4	4	4	4	2	2	2	5	5	5	5	3	3	3

	Woche 4							Woche 5						
	Mo	Di	Mi	Do	Fr	Sa	So	Mo	Di	Mi	Do	Fr	Sa	So
Frühschicht	4	4	4	4	2	2	2	5	5	5	5	3	3	3
Spätschicht	2	2	2	5	5			3	3	3	1	1		
Nachtschicht	3	3	3	3	1	1	1	4	4	4	4	2	2	2
Frei/Dispo	1	1	1	1	4	4	4	2	2	2	2	5	5	5

Und nun ein Beispiel mit kompletter Disposchicht-Woche mit 12 h-Schichten am Sonntag, das einfach so entsteht, dass in einen der in **Abschn. 6.7** vorgestellten arbeitswissenschaftlich günstigen 4:1-Schichtpläne diese potenzielle Vertretungswoche an passender Stelle eingeschoben wird – siehe nachfolgende Abbildung. Hier sollte mittels Flexi-Spielregel sichergestellt werden, dass durch tatsächlich genutzte Disposchichten nicht mehr als 7 Arbeitstage in Folge zu Stande kommen können.

	Mo	Di	Mi	Do	Fr	Sa	So
Woche 1	F	F	F	N	N	N	N+
Woche 2	-	-	S	S	S	S	-
Woche 3	S	S	-	F	F	F	F+
Woche 4	-*	-*	-*	-*	-*	-*	-*
Woche 5	N	N	N	-	-	-	-

	Woche 1							Woche 2							Woche 3						
	Mo	Di	Mi	Do	Fr	Sa	So	Mo	Di	Mi	Do	Fr	Sa	So	Mo	Di	Mi	Do	Fr	Sa	So
Frühschicht	1	1	1	4	4	4	4	2	2	2	5	5	5	5	3	3	3	1	1	1	1
Spätschicht	4	4	5	5	5	5		5	5	1	1	1	1		1	1	2	2	2	2	
Nachtschicht	2	2	2	1	1	1	1	3	3	3	2	2	2	2	4	4	4	3	3	3	3
Disposchicht	3	3	3	3	3	3	3	4	4	4	4	4	4	4	5	5	5	5	5	5	5

	Woche 4							Woche 5						
	Mo	Di	Mi	Do	Fr	Sa	So	Mo	Di	Mi	Do	Fr	Sa	So
Frühschicht	4	4	4	2	2	2	2	5	5	5	3	3	3	3
Spätschicht	2	2	3	3	3	3		3	3	4	4	4	4	
Nachtschicht	5	5	5	4	4	4	4	1	1	1	5	5	5	5
Disposchicht	1	1	1	1	1	1	1	2	2	2	2	2	2	2

Abschließend nun noch ein interessanter arithmetischer 5:1-Schichtplan auf 12 h-Basis mit der 5-Tage-Schichtenfolge F+D N+ – – mit der somit sichergestellt ist, dass a) nie mehr als 3 Schichten und b) nie mehr als 2 Schichten gleicher Lage in Folge geleistet werden müssen und c) nach der bzw. den Nachtschicht/en mindestens 48 h frei ist – siehe nachfolgende Abbildung. Dieser Schichtplan eignet sich besonders als Grundlage für ein von den Mitarbeiter*innen vor diesem Hintergrund weitgehend selbst gesteuertes Schichtsystem, in dem durch entsprechende Schichtentausche und Vertretungen freie Wochenenden generiert werden können. Werden bei z. B. 11 h 30 min Arbeitszeit pro Schicht pro 5-Wochen-Zyklus von den planmäßig 7 Disposchichten z. B. durchschnittlich 3 geleistet, wird durchschnittlich gut 39 h/w Arbeitszeit erreicht.

	Mo	Di	Mi	Do	Fr	Sa	So
Woche 1	F+	D	N+	-	-	F+	D
Woche 2	N+	-	-	F+	D	N+	-
Woche 3	-	F+	D	N+	-	-	F+
Woche 4	D	N+	-	-	F+	D	N+
Woche 5	-	-	F+	D	N+	-	-

	Woche 1							Woche 2							Woche 3						
	Mo	Di	Mi	Do	Fr	Sa	So	Mo	Di	Mi	Do	Fr	Sa	So	Mo	Di	Mi	Do	Fr	Sa	So
Frühschicht	1	4	2	5	3	1	4	2	5	3	1	4	2	5	3	1	4	2	5	3	1
Nachtschicht	5	3	1	4	2	5	3	1	4	2	5	3	1	4	2	5	3	1	4	2	5
Disposchicht	3	1	4	2	5	3	1	4	2	5	3	1	4	2	5	3	1	4	2	5	3

	Woche 4							Woche 5						
	Mo	Di	Mi	Do	Fr	Sa	So	Mo	Di	Mi	Do	Fr	Sa	So
Frühschicht	4	2	5	3	1	4	2	5	3	1	4	2	5	3
Nachtschicht	3	1	4	2	5	3	1	4	2	5	3	1	4	2
Disposchicht	1	4	2	5	3	1	4	2	5	3	1	4	2	5

6.10 MBS mit einer Besetzungszahl von 5,00 bis unter 6,00

2×5:2- Systeme – Besetzungszahl 5,00

Ein solches MBS Typ 1 kann insbesondere dann infrage kommen, wenn zur Erreichung der Vertragsarbeitszeiten höchstens wenige Zusatzschichten geleistet werden müssen und es ausreicht, dass für diese immer nur die Hälfte eines Teams zur Verfügung steht.

Dieses Prinzip soll hier am Beispiel des 5:1-Systems aus **Kap. 5** demonstriert werden. Der dort vorgestellte 5:1-Schichtplan wird dazu zunächst verdoppelt. Anschließend wird dann aus dem dadurch entstandenen 10-Wochen-Plan jede halbe Disposchicht-Woche einmal entfernt – z. B. wie in nachfolgender Abbildung vorgestellt. Dadurch kommt für die Mitarbeiter*innen zweimal in 10 Wochen eine zusätzliche halbe garantierte Freiwoche zu Stande – davon einmal in Form eines verlängerten freien Wochenendes.

	Mo	Di	Mi	Do	Fr	Sa	So
Woche 1	F	F	F	-*	-*	-*	-*
Woche 2	-	S	S	S	N	N	N
Woche 3	N	-	-	F	F	F	F
Woche 4	-	-	-	-	S	S	S
Woche 5	S	N	N	N	-	-	-
Woche 6	F	F	F	-	-	-	-
Woche 7	-	S	S	S	N	N	N
Woche 8	N	-	-	F	F	F	F
Woche 9	-*	-*	-*	-	S	S	S
Woche 10	S	N	N	N	-	-	-

	Woche 1							Woche 2							Woche 3							Woche 4						
	Mo	Di	Mi	Do	Fr	Sa	So	Mo	Di	Mi	Do	Fr	Sa	So	Mo	Di	Mi	Do	Fr	Sa	So	Mo	Di	Mi	Do	Fr	Sa	So
Frühschicht	11	11	11	41	41	41	41	21	21	21	51	51	51	51	31	31	31	11	11	11	11	41	41	41	21	21	21	21
Frühschicht	12	12	12	42	42	42	42	22	22	22	52	52	52	52	32	32	32	12	12	12	12	42	42	42	22	22	22	22
Spätschicht	21	51	51	51	31	31	31	31	11	11	11	41	41	41	41	21	21	21	51	51	51	51	31	31	31	11	11	11
Spätschicht	22	52	52	52	32	32	32	32	12	12	12	42	42	42	42	22	22	22	52	52	52	52	32	32	32	12	12	12
Nachtschicht	41	21	21	21	51	51	51	51	31	31	31	11	11	11	11	41	41	41	21	21	21	21	51	51	51	31	31	31
Nachtschicht	42	22	22	22	52	52	52	52	32	32	32	12	12	12	12	42	42	42	22	22	22	22	52	52	52	32	32	32
Disposchicht	31	31	31	11	11	11	11	41	41	41	21	21	21	21	51	51	51	31	31	31	31	12	12	12	42	41	41	41

	Woche 5							Woche 6							Woche 7							Woche 8						
	Mo	Di	Mi	Do	Fr	Sa	So	Mo	Di	Mi	Do	Fr	Sa	So	Mo	Di	Mi	Do	Fr	Sa	So	Mo	Di	Mi	Do	Fr	Sa	So
Frühschicht	51	51	51	31	31	31	31	11	11	11	41	41	41	41	21	21	21	51	51	51	51	31	31	31	11	11	11	11
Frühschicht	52	52	52	32	32	32	32	12	12	12	42	42	42	42	22	22	22	52	52	52	52	32	32	32	12	12	12	12
Spätschicht	11	41	41	41	21	21	21	21	51	51	51	31	31	31	31	11	11	11	41	41	41	41	21	21	21	51	51	51
Spätschicht	12	42	42	42	22	22	22	22	52	52	52	32	32	32	32	12	12	12	42	42	42	42	22	22	22	52	52	52
Nachtschicht	31	11	11	11	41	41	41	41	21	21	21	51	51	51	51	31	31	31	11	11	11	11	41	41	41	21	21	21
Nachtschicht	32	12	12	12	42	42	42	42	22	22	22	52	52	52	52	32	32	32	12	12	12	12	42	42	42	22	22	22
Disposchicht	22	22	22	51	51	51	51	32	32	32	12	12	12	12	42	42	42	22	22	22	22	52	52	52	32	32	32	32

	Woche 9							Woche 10						
	Mo	Di	Mi	Do	Fr	Sa	So	Mo	Di	Mi	Do	Fr	Sa	So
Frühschicht	41	41	41	21	21	21	21	51	51	51	31	31	31	31
Frühschicht	42	42	42	22	22	22	22	52	52	52	32	32	32	32
Spätschicht	51	31	31	31	11	11	11	11	41	41	41	21	21	21
Spätschicht	52	32	32	32	12	12	12	12	42	42	42	22	22	22
Nachtschicht	21	51	51	51	31	31	31	31	11	11	11	41	41	41
Nachtschicht	22	52	52	52	32	32	32	32	12	12	12	42	42	42
Disposchicht	11	11	11	42	42	42	42	21	21	21	52	52	52	52

$4 \times 5{:}4$-Systeme – Besetzungszahl 5,00

Müssten bei Einführung eines 5:1-Systems viele Zusatzschichten geleistet werden (und dazu ja auch noch in den anderen Teams), kann auch ein solches MBS Typ 1 mit gleicher Besetzungszahl (und damit auch gleicher Zahl von Zusatzschichten) infrage kommen, in dem die Zusatzschichten grundsätzlich im eigenen Team erbracht werden – und in dem daher auch keine systematische teamübergreifende Disposition erforderlich ist. Dazu wird einfach ein 4:1-Schichtplan $5\times$ durchlaufen und anschließend jede Betriebsschicht einmal aus diesem Plan entfernt – mit dem Ergebnis z. B. des in nachfolgender Abbildung vorgestellten 20-Wochen-Schichtplans.

	Mo	Di	Mi	Do	Fr	Sa	So
Woche 1	-*	-*	S	S	N	N	N
Woche 2	-	-	F	F	S	S	S
Woche 3	N	N	-	-	F	F	F
Woche 4	-*	-*	N	N	-	-	-
Woche 5	F	F	S	S	N	N	N
Woche 6	-	-	F	F	S	S	S
Woche 7	-*	-*	-	-	-*	-*	-*
Woche 8	S	S	N	N	-	-	-
Woche 9	F	F	S	S	N	N	N
Woche 10	-	-	F	F	-*	-*	-*
Woche 11	N	N	-	-	F	F	F
Woche 12	S	S	N	N	-	-	-
Woche 13	F	F	S	S	-*	-*	-*
Woche 14	-	-	-*	-*	S	S	S
Woche 15	N	N	-	-	F	F	F
Woche 16	S	S	N	N	-	-	-
Woche 17	F	F	-*	-*	N	N	N
Woche 18	-	-	F	F	S	S	S
Woche 19	N	N	-	-	F	F	F
Woche 20	S	S	-*	-*	-	-	-

	Woche 1							Woche 2							Woche 3							Woche 4						
	Mo	Di	Mi	Do	Fr	Sa	So	Mo	Di	Mi	Do	Fr	Sa	So	Mo	Di	Mi	Do	Fr	Sa	So	Mo	Di	Mi	Do	Fr	Sa	So
Frühschicht	15	15	41	41	31	31	31	25	25	11	11	41	41	41	35	35	21	21	11	11	11	45	45	31	31	21	21	21
Frühschicht	12	12	45	45	32	32	32	22	22	12	12	42	42	42	32	32	22	22	12	12	12	42	42	32	32	22	22	22
Frühschicht	13	13	43	43	33	33	33	23	23	15	15	43	43	43	33	33	25	25	13	13	13	43	43	35	35	23	23	23
Frühschicht	14	14	44	44	35	35	35	24	24	14	14	45	45	45	34	34	24	24	14	14	14	44	44	34	34	24	24	24
Disposchicht	11	11	42	42	34	34	34	21	21	13	13	44	44	44	31	31	23	23	15	15	15	41	41	33	33	25	25	25
Spätschicht	21	21	11	11	41	41	41	31	31	21	21	11	11	11	41	41	31	31	21	21	21	15	15	41	41	31	31	31
Spätschicht	22	22	15	15	42	42	42	32	32	25	25	12	12	12	42	42	35	35	22	22	22	12	12	45	45	32	32	32
Spätschicht	23	23	13	13	45	45	45	33	33	23	23	13	13	13	43	43	33	33	23	23	23	13	13	43	43	33	33	33
Spätschicht	24	24	14	14	44	44	44	34	34	24	24	15	15	15	44	44	34	34	25	25	25	14	14	44	44	35	35	35
Disposchicht	25	25	12	12	43	43	43	35	35	22	22	14	14	14	45	45	32	32	24	24	24	11	11	42	42	34	34	34
Nachtschicht	31	31	25	25	11	11	11	41	41	35	35	21	21	21	11	11	45	45	31	31	31	21	21	11	11	41	41	41
Nachtschicht	32	32	22	22	12	12	12	42	42	32	32	22	22	22	12	12	42	42	32	32	32	22	22	15	15	42	42	42
Nachtschicht	33	33	23	23	15	15	15	43	43	33	33	25	25	25	13	13	43	43	35	35	35	23	23	13	13	45	45	45
Nachtschicht	35	35	24	24	14	14	14	45	45	34	34	24	24	24	14	14	44	44	34	34	34	24	24	14	14	44	44	44
Disposchicht	34	34	21	21	13	13	13	44	44	31	31	23	23	23	15	15	41	41	33	33	33	25	25	12	12	43	43	43

	Woche 5							Woche 6							Woche 7							Woche 8						
	Mo	Di	Mi	Do	Fr	Sa	So	Mo	Di	Mi	Do	Fr	Sa	So	Mo	Di	Mi	Do	Fr	Sa	So	Mo	Di	Mi	Do	Fr	Sa	So
Frühschicht	11	11	41	41	31	31	31	21	21	11	11	41	41	41	31	31	21	21	15	15	15	41	41	31	31	25	25	25
Frühschicht	15	15	42	42	32	32	32	25	25	12	12	42	42	42	35	35	22	22	12	12	12	45	45	32	32	22	22	22
Frühschicht	13	13	45	45	33	33	33	23	23	13	13	43	43	43	33	33	23	23	13	13	13	43	43	33	33	23	23	23
Frühschicht	14	14	44	44	34	34	34	24	24	15	15	44	44	44	34	34	25	25	14	14	14	44	44	35	35	24	24	24
Disposchicht	12	12	43	43	35	35	35	22	22	14	14	45	45	45	32	32	24	24	11	11	11	42	42	34	34	21	21	21
Spätschicht	25	25	11	11	41	41	41	35	35	21	21	11	11	11	45	45	31	31	21	21	21	11	11	41	41	31	31	31
Spätschicht	22	22	12	12	42	42	42	32	32	25	25	12	12	12	42	42	32	32	22	22	22	15	15	42	42	32	32	32
Spätschicht	23	23	15	15	43	43	43	33	33	23	23	13	13	13	43	43	35	35	23	23	23	13	13	45	45	33	33	33
Spätschicht	24	24	14	14	45	45	45	34	34	24	24	14	14	14	44	44	34	34	25	25	25	14	14	44	44	35	35	35
Disposchicht	21	21	13	13	44	44	44	31	31	23	23	15	15	15	41	41	33	33	25	25	25	12	12	43	43	34	34	34
Nachtschicht	31	31	21	21	11	11	11	41	41	31	31	21	21	21	15	15	41	41	31	31	31	25	25	11	11	41	41	41
Nachtschicht	32	32	25	25	12	12	12	42	42	35	35	22	22	22	12	12	45	45	32	32	32	22	22	12	12	42	42	42
Nachtschicht	33	33	23	23	13	13	13	43	43	33	33	23	23	23	13	13	43	43	33	33	33	23	23	15	15	43	43	43
Nachtschicht	34	34	24	24	15	15	15	44	44	34	34	25	25	25	14	14	44	44	35	35	35	24	24	14	14	45	45	45
Disposchicht	35	35	22	22	14	14	14	45	45	32	32	24	24	24	11	11	42	42	34	34	34	21	21	13	13	44	44	44

6 Alle einfachen Schichtsysteme ...

	Woche 9							Woche 10							Woche 11							Woche 12						
	Mo	Di	Mi	Do	Fr	Sa	So	Mo	Di	Mi	Do	Fr	Sa	So	Mo	Di	Mi	Do	Fr	Sa	So	Mo	Di	Mi	Do	Fr	Sa	So
Frühschicht	11	11	41	41	35	35	35	21	21	11	11	45	45	45	31	31	21	21	11	11	11	41	41	31	31	21	21	21
Frühschicht	12	12	42	42	32	32	32	22	22	12	12	42	42	42	32	32	22	22	15	15	15	42	42	32	32	25	25	25
Frühschicht	15	15	43	43	33	33	33	25	25	13	13	43	43	43	35	35	23	23	13	13	13	45	45	33	33	23	23	23
Frühschicht	14	14	45	45	34	34	34	24	24	14	14	44	44	44	34	34	24	24	14	14	14	44	44	34	34	24	24	24
Disposchicht	13	13	44	44	31	31	31	23	23	15	15	41	41	41	33	33	25	25	12	12	12	43	43	35	35	22	22	22
Spätschicht	21	21	11	11	41	41	41	31	31	21	21	15	15	15	41	41	31	31	25	25	25	11	11	41	41	35	35	35
Spätschicht	25	25	12	12	42	42	42	35	35	22	22	12	12	12	45	45	32	32	22	22	22	12	12	42	42	32	32	32
Spätschicht	23	23	13	13	43	43	43	33	33	23	23	13	13	13	43	43	33	33	23	23	23	15	15	43	43	33	33	33
Spätschicht	24	24	15	15	44	44	44	34	34	25	25	14	14	14	44	44	35	35	24	24	24	14	14	45	45	34	34	34
Disposchicht	22	22	14	14	45	45	45	32	32	24	24	11	11	11	42	42	34	34	21	21	21	13	13	44	44	31	31	31
Nachtschicht	35	35	21	21	11	11	11	45	45	31	31	21	21	21	11	11	41	41	31	31	31	21	21	11	11	41	41	41
Nachtschicht	32	32	22	22	12	12	12	42	42	32	32	22	22	22	15	15	42	42	32	32	32	25	25	12	12	42	42	42
Nachtschicht	33	33	25	25	13	13	13	43	43	35	35	23	23	23	13	13	45	45	33	33	33	23	23	13	13	43	43	43
Nachtschicht	34	34	24	24	14	14	14	44	44	34	34	24	24	24	14	14	44	44	34	34	34	24	24	15	15	44	44	44
Disposchicht	31	31	23	23	15	15	15	41	41	33	33	25	25	25	12	12	43	43	35	35	35	22	22	14	14	45	45	45

	Woche 13							Woche 14							Woche 15							Woche 16						
	Mo	Di	Mi	Do	Fr	Sa	So	Mo	Di	Mi	Do	Fr	Sa	So	Mo	Di	Mi	Do	Fr	Sa	So	Mo	Di	Mi	Do	Fr	Sa	So
Frühschicht	11	11	41	41	31	31	31	21	21	15	15	41	41	41	31	31	25	25	11	11	11	41	41	35	35	21	21	21
Frühschicht	12	12	42	42	35	35	35	22	22	12	12	45	45	45	32	32	22	22	12	12	12	42	42	32	32	22	22	22
Frühschicht	13	13	43	43	33	33	33	23	23	13	13	43	43	43	33	33	23	23	15	15	15	43	43	33	33	25	25	25
Frühschicht	15	15	44	44	34	34	34	25	25	14	14	44	44	44	35	35	24	24	14	14	14	45	45	34	34	24	24	24
Disposchicht	14	14	45	45	32	32	32	24	24	11	11	42	42	42	34	34	21	21	13	13	13	44	44	31	31	23	23	23
Spätschicht	21	21	11	11	45	45	45	31	31	21	21	11	11	11	41	41	31	31	21	21	21	11	11	41	41	31	31	31
Spätschicht	22	22	12	12	42	42	42	32	32	22	22	15	15	15	42	42	32	32	25	25	25	12	12	42	42	35	35	35
Spätschicht	25	25	13	13	43	43	43	35	35	23	23	13	13	13	45	45	33	33	23	23	23	13	13	43	43	33	33	33
Spätschicht	24	24	14	14	44	44	44	34	34	24	24	14	14	14	44	44	34	34	24	24	24	15	15	44	44	34	34	34
Disposchicht	23	23	15	15	41	41	41	33	33	25	25	12	12	12	43	43	35	35	22	22	22	14	14	45	45	32	32	32
Nachtschicht	31	31	21	21	15	15	15	41	41	31	31	25	25	25	11	11	41	41	35	35	35	21	21	11	11	45	45	45
Nachtschicht	35	35	22	22	12	12	12	45	45	32	32	22	22	22	12	12	42	42	32	32	32	22	22	12	12	42	42	42
Nachtschicht	33	33	23	23	13	13	13	43	43	33	33	23	23	23	15	15	43	43	33	33	33	25	25	13	13	43	43	43
Nachtschicht	34	34	25	25	14	14	14	44	44	35	35	24	24	24	14	14	45	45	34	34	34	24	24	14	14	44	44	44
Disposchicht	32	32	24	24	11	11	11	42	42	34	34	21	21	21	13	13	44	44	31	31	31	23	23	15	15	41	41	41

	Woche 17							Woche 18							Woche 19							Woche 20						
	Mo	Di	Mi	Do	Fr	Sa	So	Mo	Di	Mi	Do	Fr	Sa	So	Mo	Di	Mi	Do	Fr	Sa	So	Mo	Di	Mi	Do	Fr	Sa	So
Frühschicht	11	11	45	45	31	31	31	21	21	11	11	41	41	41	31	31	21	21	11	11	11	41	41	31	31	21	21	21
Frühschicht	12	12	42	42	32	32	32	22	22	15	15	42	42	42	32	32	25	25	12	12	12	42	42	35	35	22	22	22
Frühschicht	13	13	43	43	35	35	35	23	23	13	13	45	45	45	33	33	23	23	15	15	15	43	43	32	32	23	23	23
Frühschicht	14	14	44	44	34	34	34	24	24	14	14	43	43	43	34	34	24	24	13	13	13	44	44	34	34	25	25	25
Disposchicht	15	15	41	41	33	33	33	25	25	12	12	43	43	43	35	35	22	22	14	14	14	45	45	32	32	24	24	24
Spätschicht	21	21	15	15	41	41	41	31	31	21	21	11	11	11	41	41	35	35	21	21	21	11	11	45	45	31	31	31
Spätschicht	22	22	12	12	45	45	45	32	32	22	22	12	12	12	42	42	32	32	22	22	22	12	12	42	42	32	32	32
Spätschicht	23	23	13	13	43	43	43	33	33	23	23	15	15	15	43	43	33	33	25	25	25	13	13	43	43	35	35	35
Spätschicht	25	25	14	14	44	44	44	35	35	24	24	14	14	14	45	45	34	34	24	24	24	14	14	44	44	34	34	34
Disposchicht	24	24	11	11	42	42	42	34	34	25	25	13	13	13	44	44	31	31	23	23	23	15	15	41	41	33	33	33
Nachtschicht	31	31	21	21	11	11	11	41	41	31	31	21	21	21	11	11	41	41	31	31	31	21	21	15	15	41	41	41
Nachtschicht	32	32	22	22	12	12	12	42	42	32	32	25	25	25	12	12	42	42	35	35	35	22	22	12	12	45	45	45
Nachtschicht	35	35	23	23	13	13	13	45	45	33	33	23	23	23	13	13	43	43	33	33	33	23	23	13	13	43	43	43
Nachtschicht	34	34	24	24	14	14	14	44	44	34	34	24	24	24	15	15	44	44	34	34	34	25	25	14	14	44	44	44
Disposchicht	33	33	25	25	12	12	12	43	43	35	35	22	22	22	14	14	45	45	32	32	32	24	24	11	11	42	42	42

Die jeweils 5 Teil-Teams der 4 Teams steigen in diesen Schichtplan 4wochenweise versetzt ein – z. B. Teil-Team 11 in Woche 1 (wie immer), Teil-Team 12 in Woche 5, Teil-Team 21 in Woche 2, etc. Im Schichtplan entfallen in deren ersten, zweiten und dritten fünf 7-Tage-Arbeits-Blöcken im ersten Arbeits-Block die Früh-, im dritten die Spät- und im fünften die Nachtschichten, wodurch sich unter anderem ganz regelmäßig in den Schichtplan-Wochen 7, 13–14 und 20–1 dann komplette Freiwochen ergeben, wenn hier keine – wie immer spätestens im Rahmen der Wochenplanung festzulegenden – Zusatzschichten zu leisten sind. Im Beispiel-Besetzungsplan fungiert wieder einmal nur ein Teil-Team pro Team als Arbeitsplatzgruppen-Springer – nämlich die Teil-Teams 15, 25, 35 und 45.

Dieses komplexe MBS ist ein weiteres, besonders instruktives Beispiel für das Prinzip „Flexibilität statt Komplexität". Statt es einzusetzen, könnten die 4 Teams auch in einem 4:1-System arbeiten, das einfach personell im Verhältnis 5:4 überbesetzt wird, und könnte den Teams vor diesem Hintergrund überlassen werden, wie sie die individuellen Freischichten verteilen – unter den Bedingungen a) bedarfsgerechte Besetzung der Arbeitsplätze, wie sie durch eine entsprechende Zeitfenster-Planung (siehe **Abschn. 5.5**), und b) gleiche Inanspruchnahme aller Mitarbeiter*innen, wie sie mithilfe der begleitenden Arbeitszeitkonten sichergestellt werden kann.

6.11 6:1-Systeme – Besetzungszahl 6,00

Solche einfachen Schichtsysteme kommen grundsätzlich nur im voll besetzten vollkontinuierlichen Schichtbetrieb und hier auch nur bei vollständig Schichtsystem-interner Ausfallzeiten-Vertretung infrage – wie im Beispiel in **Kap. 5**. Eventuell können dadurch aber auch noch zusätzliche Schichten besetzt werden – wie im folgenden Beispiel in nachfolgender Abbildung mit 12 h-Schichten Samstag und

Sonntag (die hier deshalb gewählt wurden, damit an diesen Tagen die Absicherung durch eine Disposchicht ausreicht), in dem die Disposchichten Montag-Freitag im Rahmen der Wochenplanung bei betrieblichem Bedarf auch zu Tagschichten werden können und bei Vertretungsbedarf nach Ausschöpfung der Disposchichten im Rahmen der Wochenplanung auch noch die -* gekennzeichneten freien Tage beansprucht werden können. Hauptcharakteristikum des Schichtplans ist, dass ganz regelmäßig jedes 3. Wochenende frei ist: abwechselnd eines sicher verlängert und eines potenziell.

	Mo	Di	Mi	Do	Fr	Sa	So
Woche 1	F	F	F	D	D	D	D
Woche 2	-*	-*	-	S	S	-	N+
Woche 3	N	N	N	-	-	-	-
Woche 4	S	S	S	N	N	N+	-
Woche 5	-	-	-*	F	F	F+	F+
Woche 6	D	D	D	-*	-*	-	-

	Woche 1							Woche 2							Woche 3						
	Mo	Di	Mi	Do	Fr	Sa	So	Mo	Di	Mi	Do	Fr	Sa	So	Mo	Di	Mi	Do	Fr	Sa	So
Frühschicht	1	1	1	3	3	3	3	2	2	2	4	4	4		3	3	3	5	5	5	5
Spätschicht	4	4	4	6	6	6		5	5	5	1	1			6	6	6	2	2	2	
Nachtschicht	5	5	5	4	4	4	6	6	6	6	5	5	5	1	1	1	1	6	6	6	2
Dispo/Frei	2	2	2	1	1	1	1	3	3	3	2	2	2	2	4	4	4	3	3	3	3
Frei/Dispo	6	6	3	2	2			1	1	4	3	3			2	2	5	4	4		

	Woche 4							Woche 5							Woche 6						
	Mo	Di	Mi	Do	Fr	Sa	So	Mo	Di	Mi	Do	Fr	Sa	So	Mo	Di	Mi	Do	Fr	Sa	So
Frühschicht	4	4	4	6	6	6	6	5	5	5	1	1	1	1	6	6	6	2	2	2	2
Spätschicht	1	1	1	3	3	3		2	2	2	4	4	4		3	3	3	5	5	5	
Nachtschicht	2	2	2	1	1	1	3	3	3	3	2	2	2	5	4	4	4	3	3	3	5
Dispo/Frei	5	5	5	4	4	4	4	6	6	6	5	5	5	5	1	1	1	6	6	6	6
Frei/Dispo	3	3	6	5	5			4	4	1	6	6			5	5	2	1	1		

Eine andere Möglichkeit besteht darin, die Mitarbeiter*innen grundsätzlich in einem 5:1-Schichtplan arbeiten zu lassen und für sie nach n Durchläufen n Springer-Wochen einzuplanen, in denen sie bei fehlendem Vertretungsbedarf unter der Woche auch Sonderaufgaben (und zwar auch mehrere Tage am Stück!) übernehmen können. Nachfolgende Abbildung zeigt ein solches Beispiel unter Verwendung des in **Kap. 5** vorgestellten 5:1-Plans mit 2 Durchläufen und 2 Springerwochen und damit also einem 12-Wochen-Zyklus.

	Mo	Di	Mi	Do	Fr	Sa	So
Woche 1	F	F	F	D	D	D	D
Woche 2	-	S	S	S	N	N	N
Woche 3	N	-	-	F	F	F	F
Woche 4	D	D	D	-	S	S	S
Woche 5	S	N	N	N	-	-	-
Woche 6	F	F	F	D	D	D	D
Woche 7	-	S	S	S	N	N	N
Woche 8	N	-	-	F	F	F	F
Woche 9	D	D	D	-	S	S	S
Woche 10	S	N	N	N	-	-	-
Woche 11	D	D	D	D	D	-*	-*
Woche 12	D	D	D	D	D	-*	-*

	Woche 1							Woche 2							Woche 3							Woche 4						
	Mo	Di	Mi	Do	Fr	Sa	So	Mo	Di	Mi	Do	Fr	Sa	So	Mo	Di	Mi	Do	Fr	Sa	So	Mo	Di	Mi	Do	Fr	Sa	So
Frühschicht	1	1	1	6	6	6	6	5	5	5	4	4	4	4	2	2	2	1	1	1	1	6	6	6	5	5	5	5
Spätschicht	5	4	4	4	3	3	3	3	1	1	1	6	6	6	6	5	5	5	4	4	4	4	2	2	2	1	1	1
Nachtschicht	6	5	5	5	4	4	4	4	3	3	3	1	1	1	1	6	6	6	5	5	5	5	4	4	4	2	2	2
Disposchicht	3	3	3	1	1	1	1	6	6	6	5	5	5	5	4	4	4	2	2	2	2	1	1	1	6	6	6	6
Springer	2	2	2	2	2			2	2	2	2	2			3	3	3	3	3			3	3	3	3	3		

	Woche 5							Woche 6							Woche 7							Woche 8						
	Mo	Di	Mi	Do	Fr	Sa	So	Mo	Di	Mi	Do	Fr	Sa	So	Mo	Di	Mi	Do	Fr	Sa	So	Mo	Di	Mi	Do	Fr	Sa	So
Frühschicht	3	3	3	2	2	2	2	1	1	1	6	6	6	6	4	4	4	3	3	3	3	2	2	2	1	1	1	1
Spätschicht	1	6	6	6	5	5	5	5	3	3	3	2	2	2	2	1	1	1	6	6	6	6	4	4	4	3	3	3	3
Nachtschicht	2	1	1	1	6	6	6	6	5	5	5	3	3	3	3	2	2	2	1	1	1	1	6	6	6	4	4	4	4
Disposchicht	5	5	5	3	3	3	3	2	2	2	1	1	1	1	6	6	6	4	4	4	4	3	3	3	2	2	2	2
Springer	4	4	4	4	4			4	4	4	4	4			5	5	5	5	5			5	5	5	5	5		

	Woche 9							Woche 10							Woche 11							Woche 12						
	Mo	Di	Mi	Do	Fr	Sa	So	Mo	Di	Mi	Do	Fr	Sa	So	Mo	Di	Mi	Do	Fr	Sa	So	Mo	Di	Mi	Do	Fr	Sa	So
Frühschicht	5	5	5	4	4	4	4	3	3	3	2	2	2	2	5	5	5	4	4	4	4	3	3	3	2	2	2	2
Spätschicht	3	2	2	2	1	1	1	1	5	5	5	4	4	4	4	3	3	3	2	2	2	2	6	6	6	5	5	5
Nachtschicht	4	3	3	3	2	2	2	2	1	1	1	5	5	5	5	4	4	4	3	3	3	3	2	2	2	6	6	6
Disposchicht	1	1	1	5	5	5	5	4	4	4	3	3	3	3	2	2	2	6	6	6	6	5	5	5	4	4	4	4
Springer	6	6	6	6				6	6	6	6	6			1	1	1	1	1			1	1	1	1	1		

Vertretungsbedarfe werden darin grundsätzlich zunächst durch Einsatz in Disposchichten abgedeckt und nachrangig durch den Einsatz der Springer*innen. Diese werden dazu schichtplanmäßig unter der Woche in D eingeplant, aus den bei fehlendem Vertretungsbedarf grundsätzlich stets Tagschichten werden, und haben am Wochenende frei, wobei diese Tage -* gekennzeichnet sind und im Rahmen der Wochenplanung notfalls (!) für Vertretungen verwendet werden können – was jedoch im Übergang zu Schichtplan-Woche 1 dort zu Freischichten oder Schicht-Verschiebungen führen kann. Soll dies vermieden oder zumindest erleichtert werden, werden die beiden Springer-Wochen einfach zwischen den Schichtplan-Wochen 3 und 4 des 5:1-Schichtplans eingefügt.

6.12 7:1-Systeme – Besetzungszahl 7,00

Solche einfachen Schichtsysteme kommen nur dann infrage, wenn zusätzlich zu einem voll besetzten vollkontinuierlichen Schichtsystem mit vollständiger Schichtsystem-interner Ausfallzeitenvertretung auch noch weitere Schichten zu besetzen sind. Im in nachfolgender Abbildung vorgestellten, für sehr kleine Besetzungen entwickelten Praxis-Beispiel sind dies wiederum Tagschichten Montag-Freitag.

	Mo	Di	Mi	Do	Fr	Sa	So
Woche 1	D	D	-	-	F	S	S
Woche 2	S	S	-	-	D	D	D
Woche 3	N	N	N	N	-	-	-
Woche 4	D	D	D	D	N	N	N
Woche 5	-	-	D	D	D	D	D
Woche 6	-	-	F	F	-	F	F
Woche 7	F	F	S	S	S	-	N

	Woche 1							Woche 2							Woche 3							Woche 4						
	Mo	Di	Mi	Do	Fr	Sa	So	Mo	Di	Mi	Do	Fr	Sa	So	Mo	Di	Mi	Do	Fr	Sa	So	Mo	Di	Mi	Do	Fr	Sa	So
Frühschicht	2	2	3	3	1	3	3	3	3	4	4	2	4	4	4	4	5	5	3	5	5	5	5	6	6	4	6	6
Spätschicht	7	7	2	2	2	1	1	1	1	3	3	3	2	2	2	2	4	4	4	3	3	3	3	5	5	5	4	4
Nachtschicht	6	6	6	6	5	5	5	7	7	7	7	6	6	6	1	1	1	1	7	7	7	2	2	2	2	1	1	1
Disposchicht	1	1	4	4	4	4	4	2	2	6	6	1	1	1	3	3	7	7	2	2	2	1	1	1	1	3	3	3
Disposchicht	5	5	5	5	7	7	7	6	6	5	5	5	5	5	7	7	6	6	6	6	6	4	4	7	7	7	7	7

	Woche 5							Woche 6							Woche 7						
	Mo	Di	Mi	Do	Fr	Sa	So	Mo	Di	Mi	Do	Fr	Sa	So	Mo	Di	Mi	Do	Fr	Sa	So
Frühschicht	6	6	7	7	5	7	7	7	7	1	1	6	1	1	1	1	2	2	7	2	2
Spätschicht	4	4	6	6	6	5	5	5	5	7	7	7	6	6	6	6	1	1	1	7	7
Nachtschicht	3	3	3	3	2	2	2	4	4	4	4	3	3	3	5	5	5	5	4	4	4
Disposchicht	2	2	1	1	1	1	3	3	3	2	2	2	2	2	4	4	3	3	3	3	3
Disposchicht	5	5	2	2	4	4	4	6	6	3	3	5	5	5	7	7	4	4	6	6	6

Im Schichtplan ist jeder Tag durch 2 Disposchichten abgesichert, sodass in der Wochenplanung ohne Schichtplan-Änderung Abwesenheiten von bis zu 40 % (weil z. B. bei Teamgröße 1 an einem bestimmten Tag 2 der insgesamt 5 eingeplanten Mitarbeiter*innen gleichzeitig fehlen können) bewältigt werden können. Bei entsprechendem betrieblichem Bedarf können im Rahmen der Wochenplanung Disposchichten an Werktagen Montag-Freitag auch zu Tagschichten werden.

> **Ihr Transfer in die Praxis:**
>
> - Wenn Sie ein für alle einbezogenen Mitarbeiter*innen gleiches System einführen wollen: Suchen Sie nach Möglichkeit immer nach einem einfachen (n:1-)Schichtsystem.
> - Komplexität kann fehlende Flexibilität anzeigen.
> - Arbeiten Sie immer komplette Alternativen aus. In der Regel werden Sie mindestens zwei grundsätzlich passende finden.
> - Nutzen Sie die in diesem Kapitel gegebenen Gestaltungs-Anregungen, aber kopieren Sie sie nicht einfach nur.

Literatur

1. Gärtner, J., et al. (2008). *Handbuch Schichtpläne. Planungstechnik, Entwicklung, Ergonomie, Umfeld* (2. Aufl.). Zürich: Vdf Hochschulverlag.
2. Herrmann, L. (2004). *Zeitgemäße Schichtpläne. Maßgeschneiderte Arbeitszeitsysteme für die Produktion* (3. Aufl.). Renningen: Expert.
3. ifaa (Institut für angewandte Arbeitswissenschaft) (Hrsg.). (2018). *Bedarfsgerechte Arbeitszeitsysteme in der Praxis. Gestaltung komplexer Schichtsysteme.* Düsseldorf: ifaa.
4. IG BCE (Industriegewerkschaft Bergbau, Chemie, Energie) (Hrsg.). (2016). *Das IG BCE-Schichthandbuch* (3. Aufl.). Hannover: IG BCE.
5. Kutscher, J., & Leydecker, J. M. (2018). *Schichtarbeit und Gesundheit. Aktueller Forschungsstand und praktische Schichtplangestaltung.* Berlin: Springer Gabler.
6. Kutscher, J., Weidinger, M., & Hoff, A. (1996). *Flexible Arbeitszeitgestaltung. Praxis-Handbuch zur Einführung innovativer Arbeitszeitmodelle.* Wiesbaden: Gabler.

7

Kombinierte Schichtsysteme (KS)

Angesichts der ungeheuren Vielzahl von Möglichkeiten, Schichtsysteme und MBS zu kombinieren, können in diesem Kapitel nur die besonders wichtigen sowie einige weitere aus meiner Sicht interessante KS vorgestellt werden. Dabei werden in **Abschn. 7.1** KS Typ 1 („gespalten") vorgestellt, mit denen voneinander abgegrenzte Betriebszeit-Bereiche mittels verschiedener Sub-Systeme besetzt werden. **Abschn. 7.2** beschäftigt sich dann mit KS Typ 2 („integriert"), in denen zumindest ein Teil der Betriebsschichten abwechselnd (also nicht gemeinsam) mittels verschiedener Sub-Systeme besetzt wird. **Abschn. 7.3** schließlich behandelt KS Typ 3 („geschichtet"), in denen zumindest ein Teil der Betriebsschichten gemeinsam aus verschiedenen Sub-Systemen heraus besetzt wird.

7.1 KS Typ 1 – gespalten

Hier besetzen alle Sub-Systeme ihre eigenen Betriebsschichten – wie im zunächst in nachfolgender Abbildung vorgestellten Klassiker 2-Schichtbetrieb + Dauernachtschicht bei 5-Tage-Betriebswoche, bei dem im einfachsten Fall ein 2:1- und ein 1:1-System miteinander kombiniert werden.

	Mo	Di	Mi	Do	Fr	Sa	So
Sub 1							
Woche 1	F	F	F	F	F	-	-
Woche 2	S	S	S	S	S	-	-
Sub 2							
Woche 1	N	N	N	N	N	-	-

	Woche 1							Woche 2						
	Mo	Di	Mi	Do	Fr	Sa	So	Mo	Di	Mi	Do	Fr	Sa	So
Frühschicht	1	1	1	1	1			2	2	2	2	2		
Spätschicht	2	2	2	2	2			1	1	1	1	1		
Nachtschicht	3	3	3	3	3			3	3	3	3	3		

Im Beispiel-Besetzungsplan – dessen Dauer hier und im Folgenden dem kleinsten gemeinsamen Vielfachen der Zyklusdauern der Sub-Systeme (jeweils in Wochen) entspricht und damit vorliegend 2 Wochen beträgt – werden die Teams 1 und 2 im 2-Schichtbetrieb eingesetzt und Team 3 in Dauernachtschicht. Dieses KS eignet sich daher insbesondere dann, wenn unterschiedliche Grade von Nachtarbeits-Tauglichkeit und/oder -Präferenz berücksichtigt werden müssen oder sollen. Besonders populär war es im Deutschland der 1980er und frühen 1990er Jahre, als Nachtarbeit für Arbeiterinnen noch gesetzlich verboten war (dieses Verbot wurde erst 1994 mit Einführung des Arbeitszeitgesetzes aufgehoben).

Freischichten der Mitarbeiter*innen und ebenso Zusatzschichten am Wochenende können wie stets innerhalb dieser beiden einfachen Schichtsysteme realisiert werden – oder auch mittels Einführung von MBS. So könnten beispielsweise für den kombinierten 7-Tage-2-Schicht-+-Dauernachtschicht-Betrieb ein 8:3- und ein 4:3-System miteinander kombiniert werden (siehe hierzu im Einzelnen die **Abschn. 6.4 und 6.2**), etc.

KS dieses Typs haben den Vorteil, dass hierin die Schichtzeiten in den einzelnen Sub-Systemen ohne Komplikationen (jedenfalls solange Mitarbeiter*innen nicht zwischen diesen wechseln) unterschiedlich sein können. So könnten beispielsweise die Früh- und die Spätschicht vorliegend 7,5 h Arbeitszeit enthalten und die Nachtschicht 9 h, etc. – mit der in diesem Fall möglichen Folge, dass im 2-Schichtbetrieb weiterhin ein einfaches 2:1-System zum Einsatz kommt, in der Dauernachtschicht aber ein zur längeren Tagesarbeitszeit passendes MBS.

Nun noch zwei Beispiele für ein anderes bekanntes KS Typ 1: die Kombination von 3-Schichtbetrieb und Wochenendschicht. Ihre heute nur noch geringe Verbreitung rührt zum einen daher, dass aufgrund arbeitszeitgesetzlicher Vorschrift auch den Wochenendschichtler*innen grundsätzlich 15 beschäftigungsfreie Sonntage pro Jahr gewährt werden müssen, was im Gegenzug ihren entsprechend häufigen Einsatz unter der Woche nach sich zieht. Das zweite Argument hiergegen ist, dass – wie auch die folgenden Beispiele zeigen – mit den Wochenendschichten allein nur relativ geringe schichtplanmäßige Arbeitszeitdauern erreicht werden können. Oftmals müssen aber für eine Wochenendschicht (auch) Mitarbeiter*innen gewonnen werden, die auf einen Vollzeit-Verdienst angewiesen sind oder diesen anstreben. In der Praxis hat dies häufig zu hohen Zuschlägen, Zulagen, etc. für die ausschließlich am Wochenende eingesetzten Mitarbeiter*innen geführt, was die Wochenendarbeit zum einen entsprechend verteuert und zum anderen den Abschied von einer einmal eingeführten Wochenendschicht extrem schwer macht. Aus allen diesen Gründen rate ich von separaten Wochenendschichten ab.

Doch nun zu den beiden angekündigten Beispielen. Als erstes stelle ich in nachfolgender Abbildung ein KS für den teilkontinuierlichen Schichtbetrieb mit 144 h/w Betriebszeit und einem Wochenend-Team vor. Im Schichtplan für das Wochenend-Team 4 sind zwecks a) vollständiger Ausschöpfung der 6-Tage-Betriebswoche und b) Maximierung der erreichbaren schichtplanmäßigen Arbeitszeit Samstag und Sonntag 12 h-Schichten zu leisten und zusätzlich die normal lange Freitag-Frühschicht. Im 3-Schichtbetrieb arbeiten die 3 Teams 1–3 klassisch rückwärts durch die Schichtlagen wechselnd, jedoch ohne die Freitag-Frühschicht, wodurch für sie alle 3 Wochen ein superlanges freies Wochenende entsteht. Alle Teams müssen vor diesem Hintergrund gleich groß sein, sodass vorliegend immerhin 25 % aller Mitarbeiter*innen grundsätzlich ausschließlich am Wochenende arbeiten. Bei Vertretungsbedarf können sich die Teams 1–3 auf der einen und 4 auf der anderen Seite sehr gut gegenseitig helfen.

```
Sub 1    Mo Di Mi Do Fr Sa So
Woche 1  F  F  F  F  -  -  -
Woche 2  N  N  N  N  N  -  -
Woche 3  S  S  S  S  S  -  -

Sub 2
Woche 1  -  -  -  -  F  F+ N+
```

	Woche 1							Woche 2							Woche 3						
	Mo	Di	Mi	Do	Fr	Sa	So	Mo	Di	Mi	Do	Fr	Sa	So	Mo	Di	Mi	Do	Fr	Sa	So
Frühschicht	1	1	1	1	4	4		2	2	2	2	4			3	3	3	3	4	4	
Spätschicht	2	2	2	2	2			3	3	3	3	3			1	1	1	1	1	1	
Nachtschicht	3	3	3	3	3		4	1	1	1	1	1		4	2	2	2	2	2		4

Im zweiten Praxis-Beispiel in nachfolgender Abbildung wird dieses Schichtsystem zur gleichmäßigen 24/7-Abdeckung der Arbeitsplätze einfach um ein zweites Wochenend-Team ergänzt, wodurch bei gleichmäßiger Besetzung aller Betriebsschichten nun 40 % aller in diesem Schichtsystem eingesetzten Mitarbeiter*innen (!) grundsätzlich ausschließlich am Wochenende arbeiten. Gleichzeitig reduziert sich dadurch die von den Wochenend-Teams 4 und 5 schichtplanmäßig durchschnittlich geleistete Arbeitszeit – mit den oben skizzierten Folgeproblemen.

```
Sub 1    Mo Di Mi Do Fr Sa So
Woche 1  F  F  F  F  -  -  -
Woche 2  N  N  N  N  N  -  -
Woche 3  S  S  S  S  S  -  -

Sub 2
Woche 1  -  -  -  -  F  F+ F+
Woche 2  -  -  -  -  -  N+ N+
```

	Woche 1							Woche 2							Woche 3						
	Mo	Di	Mi	Do	Fr	Sa	So	Mo	Di	Mi	Do	Fr	Sa	So	Mo	Di	Mi	Do	Fr	Sa	So
Frühschicht	1	1	1	1	4	4	4	2	2	2	2	5	5	5	3	3	3	3	4	4	4
Spätschicht	2	2	2	2	2			3	3	3	3	3			1	1	1	1	1		
Nachtschicht	3	3	3	3	3	5	5	1	1	1	1	1	4	4	2	2	2	2	2	5	5

	Woche 4							Woche 5							Woche 6						
	Mo	Di	Mi	Do	Fr	Sa	So	Mo	Di	Mi	Do	Fr	Sa	So	Mo	Di	Mi	Do	Fr	Sa	So
Frühschicht	1	1	1	1	5	5	5	2	2	2	2	4	4	4	3	3	3	3	5	5	5
Spätschicht	2	2	2	2	2			3	3	3	3	3			1	1	1	1	1		
Nachtschicht	3	3	3	3	3	4	4	1	1	1	1	1	5	5	2	2	2	2	2	4	4

7.2 KS Typ 2 – integriert

Hier wird zumindest ein Teil der Betriebsschichten aus verschiedenen Sub-Systemen heraus besetzt, ohne dass es dabei zu Besetzungsdurchmischungen kommt. Auch dies kann z. B. dazu genutzt werden, um einen Teil der Mitarbeiter*innen von Nachtarbeit zu verschonen – wie im in nachfolgender Abbildung vorgestellten Beispiel aus dem 3-Schichtbetrieb mit 5-Tage-Betriebswoche. Hier arbeiten die Teams 1 und 2 klassisch 3-schichtig mit allerdings 2 (statt 1) Nachtschicht-Woche/n in Folge und kommen somit in ihrem 4-Wochen-Zyklus auf einen Nachtschichten-Anteil von 50 %. Dies ermöglicht es Team 3, ohne Nachtschichten im klassischen 2-Schichtbetrieb mit wöchentlich wechselnd Früh- und Spätschichten zu arbeiten. Im Besetzungsplan starten die Teams 1 und 2 im erstgenannten Schichtplan in den Wochen 1 und 3 mit Schichtplan-Woche 1, während Team 3 im 2er-Wechselschichtplan mit Schichtplan-Woche 1 in Woche 1 startet.

Sub 1	Mo	Di	Mi	Do	Fr	Sa	So
Woche 1	S	S	S	S	S	-	-
Woche 2	F	F	F	F	F	-	-
Woche 3	N	N	N	N	N	-	-
Woche 4	N	N	N	N	N	-	-
Sub 2							
Woche 1	F	F	F	F	F	-	-
Woche 2	S	S	S	S	S	-	-

	Woche 1							Woche 2							Woche 3							Woche 4						
	Mo	Di	Mi	Do	Fr	Sa	So	Mo	Di	Mi	Do	Fr	Sa	So	Mo	Di	Mi	Do	Fr	Sa	So	Mo	Di	Mi	Do	Fr	Sa	So
Frühschicht	3	3	3	3	3			1	1	1	1	1			3	3	3	3	3			2	2	2	2	2		
Spätschicht	1	1	1	1	1			3	3	3	3	3			2	2	2	2	2			3	3	3	3	3		
Nachtschicht	2	2	2	2	2			2	2	2	2	2			1	1	1	1	1			1	1	1	1	1		

Abschließend nun noch zwei Beispiel-KS für den vollkontinuierlichen Schichtbetrieb. Im ersten – siehe nachfolgende Abbildung – arbeiten zwar alle 4 Teams im selben 4wöchigen Arbeitstage-Freie Tage-Rhythmus 7–3–7–1–7–3, jedoch in sehr unterschiedlichen Mischungen aus Früh-, Spät- und Nachtschichten (wobei bei üblichen Arbeitszeiten pro Schicht und üblicher Regelarbeitszeitdauer jeweils noch individuelle Freischichten hinzukommen): Team 1 leistet nur (und etwa gleich häufig) Früh- und Spätschichten, Team 2 hat den im vollkontinuierlichen Schichtbetrieb normalen Mix aus jeweils 1/3 Früh-, Spät- und Nachtschichten, und für die Teams 3 und 4 sind jeweils ca. 50 % der Schichten Nachtschichten, während die übrigen Schichten zu ca. 2/3 Spät- und zu ca. 1/3 Frühschichten sind (Team 3) bzw. umgekehrt (Team 4). Die einzelnen Schichtpläne wurden so konzipiert, dass auf jeden Nachtschicht-Block 3 freie Tage folgen. Nachteilig sind hierin jedoch die häufigen 7 Tage in derselben Schichtlage, von denen alle Teams betroffen sind, und darunter insbesondere die bei den Teams 3 und 4 jeweils einmal in 4 Wochen auftretenden 7tägigen Nachtschicht-Blöcke. Im Besetzungsplan starten die 4 Teams wochenweise versetzt mit Woche 1 ihres Schichtplans.

	Mo	Di	Mi	Do	Fr	Sa	So
Sub 1							
Woche 1	F	F	F	S	S	S	S
Woche 2	-	-	-	F	F	F	F
Woche 3	F	F	F	-	S	S	S
Woche 4	S	S	S	S	-	-	-
Sub 2							
Woche 1	S	S	S	S	N	N	N
Woche 2	-	-	-	F	F	F	F
Woche 3	F	F	F	-	S	S	S
Woche 4	N	N	N	N	-	-	-
Sub 3							
Woche 1	S	S	S	S	N	N	N
Woche 2	-	-	-	F	F	F	F
Woche 3	S	S	S	-	N	N	N
Woche 4	N	N	N	N	-	-	-
Sub 4							
Woche 1	N	N	N	N	N	N	N
Woche 2	-	-	-	F	F	F	F
Woche 3	F	F	F	-	S	S	S
Woche 4	N	N	N	N	-	-	-

	Woche 1							Woche 2							Woche 3							Woche 4						
	Mo	Di	Mi	Do	Fr	Sa	So	Mo	Di	Mi	Do	Fr	Sa	So	Mo	Di	Mi	Do	Fr	Sa	So	Mo	Di	Mi	Do	Fr	Sa	So
Frühschicht	1	1	1	4	4	4	4	4	4	4	1	1	1	1	1	1	1	2	2	2	2	2	2	2	3	3	3	3
Spätschicht	3	3	3	1	1	1	1	2	2	2	4	4	4	3	3	3	3	1	1	1	1	1	1	1	2	2	2	2
Nachtschicht	2	2	2	2	3	3	3	3	3	3	3	2	2	2	4	4	4	4	3	3	3	4	4	4	4	4	4	4

Und nun noch die Kombination zweier arithmetischer Schichtpläne mit gleicher Arbeitstage-Freie Tage-Folge 6–2, in dem sogar die Hälfte der Mitarbeiter*innen keine Nachtschichten leisten muss (auch hier kommen in der Regel noch individuelle Freischichten hinzu) – siehe nachfolgende Abbildung. Während die Teams 1 und 2 immer 4 Früh- und 2 Spätschichten in Folge leisten und danach 2 Tage frei haben, leisten die Teams 3 und 4 immer 2 Spät- und 4 Nachtschichten in Folge mit anschließend ebenfalls 2 freien Tagen, sodass 2/3 ihrer planmäßigen Schichten Nachtschichten sind. Im Besetzungsplan starten die Teams 1 und 2 mit ihrem Schichtplan in den Wochen 1 und 5, während die Teams 3 und 4 mit ihrem Schichtplan in den Wochen 3 und 7 beginnen.

7 Kombinierte Schichtsysteme (KS)

	Mo	Di	Mi	Do	Fr	Sa	So
Sub 1							
Woche 1	F	F	F	F	S	S	-
Woche 2	-	F	F	F	F	S	S
Woche 3	-	-	F	F	F	F	S
Woche 4	S	-	-	F	F	F	F
Woche 5	S	S	-	-	F	F	F
Woche 6	F	S	S	-	-	F	F
Woche 7	F	F	S	S	-	-	F
Woche 8	F	F	F	S	S	-	-
Sub 2							
Woche 1	S	S	N	N	N	N	-
Woche 2	-	S	S	N	N	N	N
Woche 3	-	-	S	S	N	N	N
Woche 4	N	-	-	S	S	N	N
Woche 5	N	N	-	-	S	S	N
Woche 6	N	N	N	-	-	S	S
Woche 7	N	N	N	N	-	-	S
Woche 8	S	N	N	N	N	-	-

	Woche 1							Woche 2							Woche 3							Woche 4						
	Mo	Di	Mi	Do	Fr	Sa	So	Mo	Di	Mi	Do	Fr	Sa	So	Mo	Di	Mi	Do	Fr	Sa	So	Mo	Di	Mi	Do	Fr	Sa	So
Frühschicht	1	1	1	1	2	2	2	2	1	1	1	1	2	2	2	2	1	1	1	1	2	2	2	2	1	1	1	1
Spätschicht	2	2	3	3	1	1	4	4	2	2	3	3	1	1	4	4	2	2	3	3	1	1	4	4	2	2	3	3
Nachtschicht	4	4	4	4	3	3	3	3	4	4	4	4	3	3	3	3	4	4	4	4	3	3	3	3	4	4	4	4

	Woche 5							Woche 6							Woche 7							Woche 8						
	Mo	Di	Mi	Do	Fr	Sa	So	Mo	Di	Mi	Do	Fr	Sa	So	Mo	Di	Mi	Do	Fr	Sa	So	Mo	Di	Mi	Do	Fr	Sa	So
Frühschicht	2	2	2	2	1	1	1	1	2	2	2	2	1	1	1	1	2	2	2	2	1	1	1	1	2	2	2	2
Spätschicht	1	1	4	4	2	2	3	3	1	1	4	4	2	2	3	3	1	1	4	4	2	2	3	3	1	1	4	4
Nachtschicht	3	3	3	3	4	4	4	4	3	3	3	3	4	4	4	4	3	3	3	3	4	4	4	4	4	3	3	3

7.3 KS Typ 3 – geschichtet

Hier wird zumindest ein Teil der Betriebsschichten von Teams aus unterschiedlichen Sub-Systemen besetzt, sodass es – was wie stets Vor- und/oder Nachteil sein kann – zu ständigen Kooperationswechseln kommt.

Hierfür möchte ich eingangs in nachfolgender Abbildung ein einfaches Beispiel vorstellen, bei dem das überschneidungsfreie KS Typ 1 2-Schichtbetrieb + Dauernachtschicht durch ein 3-Schichtsystem ergänzt wird, sodass grundsätzlich sämtliche Betriebsschichten durch Teams aus verschiedenen Sub-Systemen besetzt werden. Im Beispiel-Besetzungsplan arbeiten die Teams 1 und 2 in 2er-Wechselschicht, wobei Team 1 mit seinem Schichtplan wie immer in Woche 1 startet, Team 3 in Dauernachtschicht und die Teams 4–6 im klassischen 3-Schichtbetrieb, wobei Team 4 mit seinem Schichtplan in Woche 1 beginnt; etc.

Sub 1	Mo	Di	Mi	Do	Fr	Sa	So
Woche 1	F	F	F	F	F	-	-
Woche 2	S	S	S	S	S	-	-

Sub 2	Mo	Di	Mi	Do	Fr	Sa	So
Woche 1	N	N	N	N	N	-	-

Sub 3	Mo	Di	Mi	Do	Fr	Sa	So
Woche 1	F	F	F	F	F	-	-
Woche 2	N	N	N	N	N	-	-
Woche 3	S	S	S	S	S	-	-

	Woche 1							Woche 2							Woche 3						
	Mo	Di	Mi	Do	Fr	Sa	So	Mo	Di	Mi	Do	Fr	Sa	So	Mo	Di	Mi	Do	Fr	Sa	So
Frühschicht	1	1	1	1	1			2	2	2	2	2			1	1	1	1	1		
Frühschicht	4	4	4	4	4			5	5	5	5	5			6	6	6	6	6		
Spätschicht	2	2	2	2	2			1	1	1	1	1			2	2	2	2	2		
Spätschicht	5	5	5	5	5			6	6	6	6	6			4	4	4	4	4		
Nachtschicht	3	3	3	3	3			3	3	3	3	3			3	3	3	3	3		
Nachtschicht	6	6	6	6	6			4	4	4	4	4			5	5	5	5	5		

	Woche 4							Woche 5							Woche 6						
	Mo	Di	Mi	Do	Fr	Sa	So	Mo	Di	Mi	Do	Fr	Sa	So	Mo	Di	Mi	Do	Fr	Sa	So
Frühschicht	2	2	2	2	2			1	1	1	1	1			2	2	2	2	2		
Frühschicht	4	4	4	4	4			5	5	5	5	5			6	6	6	6	6		
Spätschicht	1	1	1	1	1			2	2	2	2	2			1	1	1	1	1		
Spätschicht	5	5	5	5	5			6	6	6	6	6			4	4	4	4	4		
Nachtschicht	3	3	3	3	3			3	3	3	3	3			3	3	3	3	3		
Nachtschicht	6	6	6	6	6			4	4	4	4	4			5	5	5	5	5		

Interessant ist dieses KS vor allem aus den beiden folgenden Gründen:

- Die Größe der Teams der einzelnen Sub-Systeme ist frei gestaltbar – mit den beiden Extremen 0 Besetzung der Teams 1–3 (dann wird dieses KS zu einem 3:1-System) und 0 Besetzung der Teams 4–6 (dann ist man wieder bei der Kombination 2-Schichtbetrieb + Dauernachtschicht). Somit kann in diesem KS flexibel auf Arbeitszeitpräferenzen der Mitarbeiter*innen reagiert werden – und zwar insbesondere auch dann, wenn sich diese im Zeitablauf ändern.
- Die relative Besetzung von Früh- und Spätschicht auf der einen und Nachtschicht auf der anderen Seite kann durch entsprechende Größen der Teams 1 und 2 bzw. von Team 3 verändert werden, sodass zum Beispiel abgesenkte Nachtschicht-Besetzungen relativ leicht realisiert werden können.

Ein Beispiel dafür, wie KS zur Vereinfachung eingesetzt werden können (durch Vermeidung der Alternative Einführung eines MBS), ist die in nachfolgender Abbildung vorgestellte Kombination von 3-Schichtbetrieb und Dauerfrühschicht, die zugleich eine Option zur Integration von nachtschichtuntauglichen Mitarbeiter*innen in den kontinuierlichen Schichtbetrieb darstellt. In diesem Schichtsystem können Freischichten-Ansprüche der 3-schichtig eingesetzten Mitarbeiter*innen der Teams 1–3 im Rahmen der Frühschichtwoche dadurch realisiert werden, dass hier zusätzlich die nur in Frühschicht tätigen Teams 4 und 5 verfügbar sind.

	Mo	Di	Mi	Do	Fr	Sa	So
Sub 1							
Woche 1	F	F	F	F	F	F	-
Woche 2	N	N	N	N	N	-	-
Woche 3	S	S	S	S	S	-	-
Sub 2							
Woche 1	F	F	F	F	F	F	-
Woche 2	F	F	-	F	F	-	-

	Woche 1							Woche 2							Woche 3						
	Mo	Di	Mi	Do	Fr	Sa	So	Mo	Di	Mi	Do	Fr	Sa	So	Mo	Di	Mi	Do	Fr	Sa	So
Frühschicht	1	1	1	1	1	1		2	2	2	2	2	2		3	3	3	3	3	3	
Frühschicht	4	4	4	4	4			4	4		4	4			4	4	4	4	4	4	
Frühschicht	5	5		5	5			5	5	5	5	5			5	5		5	5	5	
Spätschicht	2	2	2	2	2			3	3	3	3	3			1	1	1	1	1	1	
Nachtschicht	3	3	3	3	3			1	1	1	1	1			2	2	2	2	2		

	Woche 4							Woche 5							Woche 6						
	Mo	Di	Mi	Do	Fr	Sa	So	Mo	Di	Mi	Do	Fr	Sa	So	Mo	Di	Mi	Do	Fr	Sa	So
Frühschicht	1	1	1	1	1	1		2	2	2	2	2	2		3	3	3	3	3	3	
Frühschicht	4	4		4	4			4	4	4	4	4			4	4		4	4		
Frühschicht	5	5	5	5	5			5	5		5	5			5	5	5	5	5	5	
Spätschicht	2	2	2	2	2			3	3	3	3	3			1	1	1	1	1	1	
Nachtschicht	3	3	3	3	3			1	1	1	1	1			2	2	2	2	2		

Bestehen die Teams 1–3 z. B. aus jeweils 10 Mitarbeiter*innen und soll durchschnittlich die 5-Tage-Woche erreicht werden, müssen die Teams 4 und 5 aus jeweils 1 Mitarbeiter*in bestehen (alle Angaben zur Vereinfachung ohne Berücksichtigung von Ausfallzeiten): In jeder Frühschicht-Woche besteht unter diesen Umständen Anspruch auf insgesamt 10 individuelle Freischichten, die planmäßig durch die 10 Schichten der beiden ausschließlich in Frühschicht eingesetzten Mitarbeiter*innen vertreten werden. Montag, Dienstag, Donnerstag und Freitag gibt es jeweils 2, Mittwoch und Samstag jeweils eine individuelle Freischicht, was – via Arbeitszeitkonto angespart – überwiegend Freizeit-Blöcke in Verbindung mit dem Wochenende erlaubt.

Im Besetzungsplan starten in Woche 1 im 3-Schichtbetrieb Team 1 mit Schichtplan-Woche 1 und in der Dauerfrühschicht Team 4 mit Schichtplan-Woche 1.

Nun ein Beispiel dafür, wie ein KS bei differenzierten Besetzungsbedarfen zur Reduzierung des Flexibilitätsbedarfs genutzt werden kann. Zu besetzen seien in einem vollkontinuierlich arbeitenden Betrieb stets 4 Arbeitsplätze und abweichend hiervon in der Frühschicht Montag-Freitag 6 Arbeitsplätze. Dieser Bedarf könnte sehr einfach durch eine Kombination aus einem 4:1-System mit z. B. 4×5 Mitarbeiter*innen (mit dieser Überbesetzung wird die Realisierung der individuellen Freischichten ermöglicht und kann ein Teil der Ausfallzeiten abdeckt werden) und einem 1:1-System für die Frühschicht mit z. B. 1×2 Mitarbeiter*innen abgedeckt werden.

Stattdessen könnte aber auch ein einheitliches 4:1-System eingesetzt werden mit z. B. 4×6 Mitarbeiter*innen, was wegen der dann eingesetzten 24 (gegenüber oben 22) Mitarbeiter*innen) die Schichtsystem-interne Vertretung eines entsprechend größeren Teils der Ausfallzeiten ermöglicht. Dieses System muss dann allerdings so flexibel ausgelegt werden, dass im Rahmen der Wochenplanung nicht nur grundsätzlich keine individuellen Freischichten Montag-Freitag gewährt werden, sondern zusätzlich bei Unterbesetzung dieser Frühschichten Mitarbeiter*innen aus der am selben Tag angesetzten Spätschicht stattdessen in die Frühschicht eingeplant werden können und die Spätschicht dann, wenn es hier dadurch zu einer Unterbesetzung kommt, aus der Nachtschicht aufgefüllt werden kann (beides wie stets unter weitest möglicher Berücksichtigung der Interessen der Mitarbeiter*innen).

Dies lässt sich z. B. recht gut mit dem in nachfolgender Abbildung gezeigten, in seiner Grundform bereits in **Abschn. 6.7** vorgestellten 4:1-Schichtplan realisieren. Darin stehen Sf für eine Spätschicht, die in der Wochenplanung zu einer Frühschicht werden kann, und Ns analog für eine Nachtschicht, die hierin zu einer Spätschicht werden kann. Teilweise funktioniert dies allerdings nur für 2 Tage in Folge, weil es sonst zu einer Unterschreitung der gesetzlichen Mindestruhezeit kommt – oder es müssen zwischendurch individuelle Freischichten mit eingeplant werden.

	Mo	Di	Mi	Do	Fr	Sa	So
Woche 1	F	F	Sf	Sf	Ns	N	N
Woche 2	-	-	F	F	Sf	S	S
Woche 3	Ns	Ns	-	-	F	F	F
Woche 4	Sf	Sf	Ns	Ns	-	-	-

Abschließend möchte ich nun noch auf die in der betrieblichen Praxis gar nicht einmal so seltene Kombination aus einem klassischen 3:1- und einem 4:1-System hinweisen, die insbesondere dann gut geeignet ist, wenn am Wochenende immer nur ein Teil der Arbeitsplätze zu besetzen und zumindest ein Teil der Mitarbeiter*innen (der die im 4:1-System eingesetzten Mitarbeiter*innen umfasst) qualifikationsseitig in der Lage ist, jedenfalls im Team sämtliche Arbeitsplätze zu besetzen. Dies führt zum einen dazu, dass in beiden Sub-Systemen relativ gut planbar gearbeitet werden kann, und bringt es zum anderen mit sich, dass ein Teil der Mitarbeiter*innen von regelmäßiger Wochenendarbeit verschont werden kann (dafür müssen diese allerdings klassisch immer 5 Schichten gleicher Lage in Folge leisten). Werden – wie von mir empfohlen – Ausfallzeiten-Vertretungen am Wochenende bei Bedarf aus dem 3:1-System heraus (in Form von Zusatzschichten) übernommen, kann die personelle Ausstattung des 4:1-Systems minimiert werden.

Nachfolgende Abbildung zeigt die beiden exemplarischen Schichtpläne und den kombinierten Besetzungsplan. Der 4:1-Schichtplan ist einer der in **Abschn. 6.7** vorgestellten mit stets 3 Tagen frei nach den Nachtschicht-Blöcken und der im vorliegenden Fall möglicherweise interessanten Eigenschaft, dass die am Wochenende in Frühschicht eingeplanten Mitarbeiter*innen auch an den Tagen unmittelbar davor und danach in Frühschicht verfügbar sind. Der über 12 Wochen laufende Besetzungsplan lässt erkennen, dass es unter der Woche zu ständigen Kooperationswechseln kommt, wobei alle 3:1- und 4:1-Teams in gleich vielen Betriebsschichten zusammenarbeiten.

```
Sub 1      Mo Di Mi Do Fr Sa So
Woche 1    F  F  F  F  F  -  -
Woche 2    N  N  N  N  N  -  -
Woche 3    S  S  S  S  S  -  -

Sub 2
Woche 1    S  S  S  S  N  N  N
Woche 2    -  -  -  F  F  F  F
Woche 3    F  F  F  -  S  S  S
Woche 4    N  N  N  N  -  -  -
```

	Woche 1							Woche 2							Woche 3							Woche 4						
	Mo	Di	Mi	Do	Fr	Sa	So	Mo	Di	Mi	Do	Fr	Sa	So	Mo	Di	Mi	Do	Fr	Sa	So	Mo	Di	Mi	Do	Fr	Sa	So
Frühschicht	1	1	1	1	1			2	2	2	2	2			3	3	3	3	3			1	1	1	1	1		
Frühschicht	6	6	6	7	7	7	7	7	7	7	4	4	4	4	4	4	5	5	5	5	5	5	5	5	6	6	6	6
Spätschicht	2	2	2	2	2			3	3	3	3	3			1	1	1	1	1			2	2	2	2	2		
Spätschicht	4	4	4	4	6	6	6	5	5	5	5	7	7	7	6	6	6	6	4	4	4	7	7	7	7	5	5	5
Nachtschicht	3	3	3	3	3			1	1	1	1	1			2	2	2	2	2			3	3	3	3	3		
Nachtschicht	5	5	5	5	4	4	4	6	6	6	6	5	5	5	7	7	7	7	6	6	6	4	4	4	4	7	7	7

	Woche 5							Woche 6							Woche 7							Woche 8						
	Mo	Di	Mi	Do	Fr	Sa	So	Mo	Di	Mi	Do	Fr	Sa	So	Mo	Di	Mi	Do	Fr	Sa	So	Mo	Di	Mi	Do	Fr	Sa	So
Frühschicht	2	2	2	2	2			3	3	3	3	3			1	1	1	1	1			2	2	2	2	2		
Frühschicht	6	6	6	7	7	7	7	7	7	7	4	4	4	4	4	4	5	5	5	5	5	5	5	5	6	6	6	6
Spätschicht	3	3	3	3	3			1	1	1	1	1			2	2	2	2	2			3	3	3	3	3		
Spätschicht	4	4	4	4	6	6	6	5	5	5	5	7	7	7	6	6	6	6	4	4	4	7	7	7	7	5	5	5
Nachtschicht	1	1	1	1	1			2	2	2	2	2			3	3	3	3	3			1	1	1	1	1		
Nachtschicht	5	5	5	5	4	4	4	6	6	6	6	5	5	5	7	7	7	7	6	6	6	4	4	4	4	7	7	7

	Woche 9							Woche 10							Woche 11							Woche 12						
	Mo	Di	Mi	Do	Fr	Sa	So	Mo	Di	Mi	Do	Fr	Sa	So	Mo	Di	Mi	Do	Fr	Sa	So	Mo	Di	Mi	Do	Fr	Sa	So
Frühschicht	3	3	3	3	3			1	1	1	1	1			2	2	2	2	2			3	3	3	3	3		
Frühschicht	6	6	6	7	7	7	7	7	7	7	4	4	4	4	4	4	5	5	5	5	5	5	5	5	6	6	6	6
Spätschicht	1	1	1	1	1			2	2	2	2	2			3	3	3	3	3			1	1	1	1	1		
Spätschicht	4	4	4	4	6	6	6	5	5	5	5	7	7	7	6	6	6	6	4	4	4	7	7	7	7	5	5	5
Nachtschicht	2	2	2	2	2			3	3	3	3	3			1	1	1	1	1			2	2	2	2	2		
Nachtschicht	5	5	5	5	4	4	4	6	6	6	6	5	5	5	7	7	7	7	6	6	6	4	4	4	4	7	7	7

Ihr Transfer in die Praxis:

- Setzen Sie kombinierte Schichtsysteme nur ein, wenn unterschiedliche Interessen und/oder Restriktionen von Mitarbeiter*innen anders nicht berücksichtigt werden können oder dadurch die Einführung eines komplexen Mehrfachbesetzungssystems vermieden werden kann.
- Beschäftigen Sie sich ggf. sehr intensiv mit den Vor- und Nachteilen dieser Systeme und gestalten Sie die Rahmenbedingungen entsprechend.

Nachwort

Am Ende dieses Buchs bleibt mir nun nur noch, Ihnen viel Erfolg bei der Entwicklung passender flexibler Schichtsysteme zu wünschen – mit besonderem Gewicht auf „flexibel" und am besten zusammen mit denjenigen, die später in und mit diesen Systemen arbeiten müssen.

Sollte in diesem Buch etwas nicht verständlich oder fehlerhaft sein, fehlen und/oder besser formuliert oder herausgearbeitet werden können, freue ich mich über Ihre Email über das Kontaktformular meiner Webseite www.arbeitszeitsysteme.com, auf der Sie im Übrigen immer wieder einmal Neues zum Thema betriebliche Arbeitszeitgestaltung (also auch über die Schichtplanung hinaus) sowie kostenlose einfache Tools zur Arbeitszeit-Planung und -Erfassung finden. Ich werde Ihnen stets innerhalb von 24 h (auf den folgenden Werktag Montag-Freitag gerechnet) antworten und Ihre Anregungen ggf. gern in die 2. Auflage dieses Buchs aufnehmen.

© Der/die Herausgeber bzw. der/die Autor(en), exklusiv lizenziert durch Springer Fachmedien Wiesbaden GmbH, ein Teil von Springer Nature 2020
A. Hoff, *Quick Guide Schichtarbeit*, Quick Guide,
https://doi.org/10.1007/978-3-658-30975-6

The manufacturer's authorised representative in the EU is Springer Nature Customer Service Centre GmbH, Europaplatz 3, 69115 Heidelberg, Germany. If you have any concerns regarding our products, please contact ProductSafety@springernature.com

Printed and bound by CPI Group (UK) Ltd, Croydon, CR0 4YY
25/03/2026
02078225-0007